退職金がでない人の老後のお金の話

お金がなくてもお金がふえるマネー・プラン

家計再生コンサルタント
横山光昭 著

興陽館

お金、大丈夫ですか？

MILK

死ぬまでのお金、
ありますか？

老後は
不安が
いっぱいです。

年をとってもお金がないからつらい。
病気なのに医者にもみてもらえない。
満足な施設に入るお金がない。
なんてことにもなるかも。

どうしようかな。

あってもちょっとだけ……。
会社がつぶれそう。
ずっと自営で
フリーランスだから。

子どもの学費が
高いから。
ムダ遣いや
浪費をしてしまうから。

つらいにゃん。

厚生年金を
ずっと払っていないなあ。
ずっとひとりだから
年金も少ないんだろうなあ。

これから、
どうしよう。

にゃー。
お金の専門家
FPのヨコヤマ先生は
20000人以上の家計の
アドバイスしてきたんだって。

先生に
お金について
これからどうすればいいか。
教えてもらいましょう。

先生、どうすればいいですか？
教えてください！

大丈夫です。
打つ手はたくさん
ありますよ。

退職金がなくても
年金が少なくても
貯金がなくても

いまから始めれば、
まだ間にあいます。

ない人はもちろんですが
退職金がもらえる人も
貯金や年金がある人も
お金ののこし方を知っていれば、
鬼に金棒ですよ。
将来が、たのしみです。

お金で大事なのは、

「どう節約するか」

「どう使うか」

「どう増やすか」

の3つです！

この本では

シングルOLのミワさん

自営の信一さん、**京子**さん

会社員の哲哉さん

この3組のお金の不安を解消しながら

お金の使いかた、ふやしかた、ためかたについて

わかりやすく説明していきます。

はじめに

「備えあれば憂いなし」とはいえ備えたくても術がない。そんな声をよく耳にします。それもそのはずで、給料は下がる一方、ボーナスは削減、ここへきて消費税が10パーセントに引き上げられ、暮らしていくのが精いっぱい。日本はそういう厳しい時代を迎えているのです。

しかも年月の経つのだけはやたらと早いときています。「そのうち貯金しよう」と思っているうちに、あっという間に働き盛りの頃は過ぎてしまい、**その一方で退職金はあてにできず、年金だけでは暮らせない。**でもどうにかしなければ老後破綻は目に見えています。一体どうすればいいのでしょうか?

そんなあなたの悩みにズバリとお答えするために本書は生まれました。

私は家計再生コンサルタントとして、これまで2万3千人を超える方々の家計を立て直すためのお手伝いをしてきました。またファイナンシャルプランナーとして、資産計画を立て、実現へと導くための提案をしてきました。実にいろいろな事情を抱えている人がいます。会社が倒産してしまった、友達の連帯保証人になって負債を抱えてしまった、詐欺被害に遭ってしまった……。「こんなはずではなかったのに！」と後悔したり、誰かを恨んだりしたまま前へ進めない人も目立ちます。

でも**過去のことは忘れて、これからのことだけを考えましょう。前向きになることが問題解決の第一歩なのです。**決して上から目線で言うのではありません。実は私自身が「お金のためられない人」でした。自分がダメダメだったからこそお金問題で悩む人の苦しみがわかるのです。**気づきを経て救われたからこそ的確なアドバイス**をすることができるのだという自負もあります。

本書では、**もうお金をためる時間がないと焦りを募らせる3組の相談者との対話を通して、問題を解決するための方法**をお伝えしています。是非、私と向き合っているようなつもりで読んでください。**きっとあなたは「これなら自分もできそうだ」と思うはず。**大丈夫です。打つ手はあります！

第一章

退職金が出ない人

——貯金も退職金もない50代シングル女性との対話

第二章

年金が少ない人

——このままだと老後破綻まっしぐらな自営業夫婦との対話

第三章 貯金がない人

——貯蓄１５０万円で介護離職しそうな崖っぷち会社員との対話

カバー・本文イラスト――伊藤ハムスター
装丁――ソウルデザイン

第一章

退職金が出ない人

――貯金も退職金もない50代シングル女性との対話

相談者

ミワさん　55歳　事務職

▼結婚歴なしの一人暮らし

▼給料削減、貯金ゼロ、退職金ももらえない私の老後はどうなるの？

約束の時間は10時なのにまだ来ない。連絡もないし、まさか時間を間違えてるってことはないよね。それともなにかあったのかな？　心配だなぁ。

遅れてすみません！　今日はよろしくお願いします。

よかった！　お待ちしてましたよ。

新宿からタクシーに乗ったら運転手さんが袋小路に入ってしまって……。ナビが壊れたとか言っちゃって、考えられませんよ。まったくついてない！

ま、そういうこともあるでしょう。でも次の人が11時に来ますので相談時間が45分しかありません。さっそく始めましょうか。

そんな殺生なぁ。あーあ、私の人生って理不尽なことばかり。先生、聞いてくださいよ。私、いまの会社で30年近くも超がつくほど真面目に働いてきたのに、退職金がもらえないってことがわかったんです！　会社の業績が悪化したからといって退職金制度を廃止するなんてヒドイ！　労働局に訴えてやろうかと思ってます。

気持ちはわかりますが、退職金に法的な根拠はありません。会社の就業規定に退職金導入の記述がない場合、支払うことは義務ではない。**裏を返せば、退職金をもらえないといって社員が会社を訴える権利はない**ということです。

就業規定なんて読んだことないし。

読まなくちゃダメですよ。一般に退職金といわれるのは、まとめて支払われる「退職

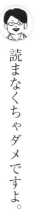

一時金」を指しますが、もう一つ「退職年金」もしくは「企業年金」と呼ばれる制度もあります。こちらのほうは企業が「国民年金」や「厚生年金」とは別に導入する年金制度。「退職一時金」と「退職年金」の両方を導入している企業もあれば、いずれかを導入している企業もあるし、どちらも導入していない企業もあるんです。

へぇ～。さっそく調べてみます。

大騒ぎしているわりには呑気ですねぇ。

だって、もらえるものと確信してましたから。私が入社した頃、上司だった人たちは「うちの会社は退職金がいい」と言ってホクホクしてたんです。「貯金なんかなくても退職金で家のローンを完済してもまだ余る」って聞いていたので……。

貯金もないと。

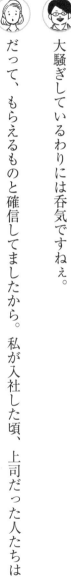

そういうわけです。給料も削減されて、ボーナスも雀の涙。生活を回していくのが精いっぱいで貯金なんてできませんよ。

でもどうにかしなくちゃと思ってるわけですよね？

そこなんです！　先生、私の老後はどうなるのでしょうか？　不安で不安で。

不安は前向きな証拠です。「どうにかなる」という精神が大事だと言う人もいますが、少なくとも老後の経済に関しては「どうにかなる」なんて考えていたら路頭に迷うことになってしまうでしょう。

ってことはつまり、「なんとかしなければ」と考える前向きな私は、もしかして救われるかもということですか？

そのための**方法を考えて実践すれば、いつからでも遅いということはない**と思います。

ホントに？　がぜん、希望が湧いてきました！

▼退職金に依存しないで生きる

少々立ち入ったことを伺いますが、ご結婚は？

一度もしたことありませんけど、それがなにか？　私、男は嫌いなんです。社内恋愛していたこともあったんですよ。ところが彼は私を裏切ってアルバイトの女性と……。あの泥棒猫！　考えてみれば、あの女のせいで私の人生の歯車が狂い始めたんですよ。

いや、そういう話じゃなくて　伺いたかったのはいまの生活環境。配偶者がおられて共働きであるというなら、夫婦としての蓄えはあるのかなと思ったものですから。

夫なんていません！　頼れる人は誰もいない。私は一人で生きていかなければいけないんです。なのに退職金がもらえないなんて、私の老後計画はメチャクチャになってしまいました。

老後計画ですか。ちなみに退職金はいくらもらえると想定していたのですか？

1000万円くらいもらえたらいいな〜って。

願望を抱いていただけ？　つまり把握していなかったのですね？

だって知りようがないじゃありませんか。

総務や人事に問い合わせをすればわかります。聞きづらいかもしれませんが、**退職金制度があるかないか、どれくらいもらえるのかを把握しておくことは定年後の資金計画を立てるうえで重要なこと**です。推定金額の退職金で立てた老後計画って机上の空論ですよねぇ。

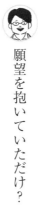

私が悪いとおっしゃるんですか？

悪いとまでは言いませんが、ちょっと考えが甘いというか、詰めが甘いというか、短絡的過ぎるというか、現実逃避しているというか……。

確かに私はいい年をして無知でした。でも結局のところ、退職金は出ないんですよ。それって会社のせいですよね？　これまではもらえていたお金がいまはもらえないなんて、やっぱり納得できません！　無能な上司でさえたっぷり退職金をもらえていた時代もあったのにぃ。

バブルの頃といまでは日本経済そのものが違います。それに雇用形態も変容してきました。退職金は終身雇用が当たり前だったからこそ成り立つ制度だったわけで、転職しながらスキルアップしていくことが珍しくなくなった現代にはフィットしない。最早、**退職金に依存して生きる時代は終わったととらえたほうがいい**のです。※コラム1　退職金制度の実情はどうなっている？

▼退職金がないからと怯えない

お言葉を返すようですが、同年代の知人には退職金をもらえるという人もいます。役所勤めの私の友人なんか１００パーもらえると豪語してるし……。

でもミワさんはもらえない。それが現実です。厳しいことをいうようですが、**ないものにすがっても意味がない**んですよ。お話を伺っていると、どうもミワさんはなんでも人のせいにする傾向があるように感じるのですけれど、誰かのせいにして悶々としている時間はないはずです。もう50代半ばですよね。貯金もないわけですよねぇ。

ホントに厳しいことをおっしゃる。

失礼しました。でもここは非常に大事なところなんです。私はこれまで2万5千人以上の方のお金に関する悩み相談を受けてきました。そうした中で確信していることが

あるんです。それは**生き抜く力のある人＝自己責任で生きている人**だということ。退職金はない、ならばどうするかとスパッと気持ちを切り替えて、自己責任で生きると覚悟を決めることから始めませんか？

覚悟を決めれば、人並みに生き抜くことができるのでしょうか。

できますよ。退職金がもらえないといって怯えることはありません。

ムリムリ。怯えまくりですぅ。絶体絶命のピンチですぅ。

もちろん退職金はもらえたほうが嬉しいですよね。でも実のところ、もらえればいいというものではないんです。親の財産も同じですが、どんなに大金を手にしたとしてもパーッと使ってしまえば消えてしまいますよね。それまで節約していた反動で浪費に走る人はけっこういます。高収入なのに貯金がないという人も意外に多いんですよ。

ええっ、そうなんですか。

生活水準が上がり支出がふえること、豊かな生活が永遠に続くと勘違いしてしまうことなどが原因です。つまりお金はどれくらい入るかではなく、どう使うかが要。足の速いウサギとゆっくりペースのカメが競争して、最終的にはカメが勝つ『ウサギとカメ』という寓話がありますが、人生は油断大敵。同時に誰が勝つか人生は最後までわからないと言えるのです。最悪なのは自分はもうダメだと決めつけてレースから降りてしまうこと。**「退職金がなくたってなによ」という意気込みで少しずつでも歩みを進めていけば問題はない**というか、実はそれが一番確実な生き方だといえるでしょう。

頼もしいお言葉。またまた希望が湧いてきました！

▼定年退職後の資金を把握することがマネープランの第一歩

いよいよ「具体的にはどうすればいいのか？」という本題に入りますが、結論からいえば**コツコツと貯金していくしかありません**。どのくらいを目安にするかを把握するために、まず**自分に必要な定年退職後の資金を把握する**。これがマネープランの第一歩なんです。

といいますと？

どこで暮らすのか？　持ち家なのか賃貸なのか？　食費や光熱費や通信費、交際費、交通費、娯楽費などの生活費がいくらかかるのかを把握するということです。**老後は毎月の生活経費からもらえる年金を引いた不足分を貯金で補填しなければなりません**。仮に寿命を90歳と想定し、年金を65歳から受給開始したとすると25年。赤字の総額は、毎月の不足分×12カ月×25年。つまり、これが最低限必要な貯金額となるのです。

そういえば老後に２０００万円ないと年金だけでは生きていけないってことが話題になってましたよね。※コラム２　２０００万円問題とはなにか

「２０００万円」という数字は、総務省の家計調査によって試算された平均的なデータに基づく参考値。夫65歳以上、妻が60歳以上の夫婦で、主に年金収入で暮らしているご家庭がモデルとなっています。ご夫婦の年金と仕送り等の収入を合わせて毎月約21万円の収入がある場合を想定しています。なのでお一人様を貫く予定だというミワさんにはあてはまらない。しかも「これくらいあれば理想的ですよね」と提案しているだけで、絶対ということではありません。

夫婦で２０００万円貯金があれば理想的なら、お一人様の私は１０００万円を目安に貯金すればいいのですね？

いやいや、そういう単純なものではありません。たとえばお風呂を沸かしたり、洗濯をするのに必要な光熱費は、一人も二人も一緒ですよね。

単身者は割高なのか！

とも一概にはいえません。お米や飲み水は倍必要、二人が同じタイミングで病気になれば医療費は倍かかるわけで。そもそも暮らし方によっても大きく変わってきます。相談者の中には夫婦だけで暮らしているのに毎月の食費が15万円と計上する人もいました。高齢になれば交際費は自然に減っていくと思いきや、健康寿命によって人それぞれ。だからこそ**データに一喜一憂せず、「自分の場合は」と冷静に考えて老後設計を描いてみる必要がある**のです。

▼年金を納めていない人の末路とは？

はっきりとしているのは年金だけでは足りないということだけ。でも年金もどうなんですかねぇ。フリーランスの友達の中には国民年金なんてちょっとしか支給されないんだから払わないいって人もいますけど。

払いたくないから払わないという理屈はまかり通りません。**年金を納めるのは日本国内に住む20歳以上、60歳未満の人の義務**ですから。ところが厚生労働省の調査によると、平成29年度の国民年金保険料の納付率は66・3パーセントと実に3割以上の人が払っていないのです。

年金はもらえなくても貯金でカバーできればいいわけですもんね。

いや、義務なんで。しかもほかにもデメリットがあります。**年金の役割には65歳時に受け取れる「老齢基礎年金」のほかに、65歳未満であっても障がい者になった時に受け取る「障害基礎年金」、加入者が死亡した時に遺族が受け取る「遺族基礎年金」があるのですが**、いずれも受け取ることができません。家族が大変になるということも考える必要があると思います。

実際、なにが起こるかわからないですもんね。だけどそれだって生命保険に入っていれば給付金が出るじゃないですか。

でも義務なんで。生命保険に加入するお金があるなら年金を払いましょうという話なんです。だから国が年金を強制徴収する権利のある2年間は督促状が届きますよ。

無視していたらどうなるんですか？

特別催告状、最終催告状、差し押さえ予告状を経て、財産を差し押さえられてしまいます。

実際には聞いたことがないんですけど。

今後は厳しくなるでしょう。国民が払うべき税金や年金の回収を目的として導入されたマイナンバー制度により、情報把握が強化されました。

ところで国民年金の保険料って月額いくらなんですか？

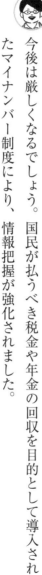

令和元年度の国民年金第1号被保険者及び任意加入被保険者、要するに自営業の方の一カ月あたりの国民年金保険料は１６４１０円です。滞納している人がいると私はいつも「アリとキリギリス」というイソップ寓話を思い浮かべるのです。

冬に備えて、アリは夏の間に働いて食べ物を備えていた、一方キリギリスはバイオリンを弾いて過ごしていた。冬がやってくるとキリギリスは食べるものに困ってアリに助けをもとめたけれど相手にされず、結局のところ飢え死にしてしまった、という話ですよね。恐ろしや！

▼これから先、年金はもらえるの？

でも遡って支払いたいという人にはチャンスが与えられています。後納制度というのがあるのです。期間限定で２０１２年から10年間遡ることが、２０１５年からは5年間遡ることができましたが、現在は2年までしか遡ることができません。とはいえ受

給資格期間はそれまで25年間払っていないともらえなかった年金が、２０１７年に10年間払っていれば受給できるよう法律が改訂されました。このことによって年金を受け取ることができるようになった人もいるし、これからも条件を満たしていれば受給資格を得ることができるのです。

それはよかったと言いたいところなのですが、きちんと払い続けてきた人からしたら不公平じゃありませんか？

払った分しか年金につながりません。**満額を受け取ることができるのは20歳から60歳までの40年間（４８０カ月）に亘りひと月も欠かさずに収めた人だけ**です。この場合の老齢基礎年金額は月額約6万５０００円ですが、10年間分納めた人の場合は月額約1万６０００円となります。

うーん、それはそれで少なすぎますね。

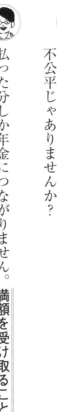

ただもう一つチャンスがあって、60歳から65歳になる前までは任意加入制度といって、任意で国民年金保険料を納入して加入月数をふやすことができるのです。ミワさんの場合は厚生年金ですが、自分がもらえる年金予定額がいくらか把握してますか？

同期の人が10万くらいじゃないかと言っていたような……。

年金に関しては年に一度、誕生日月に「ねんきん定期便」というはがきか、年齢によっては封書が届きます。それを見れば将来もらえる年金支給予定額がわかりますよ。「ねんきんネット」に登録すれば、ＷＥＢで年金加入歴や将来の見込み金額を簡単に調べることもできます。

予定額に見込み額ですか。財政困難なうえに少子化、高齢化が重なっていることから私たちの世代は年金をもらえないという噂もありますけれど……。

もらえるかもらえないかと言えば、確実にもらえます。

でも10年後、20年後には今より年金支給額が減ってしまうかも、なんですね？

厳しくなることも考えられますが、**たとえ少額であったとしても、ないよりはあったほうがいい**。老後になって一銭も収入のない暮らしの中で受け取るお金の重みを想像したことありますか？

あんまり考えたくないんですよねぇ。

だから貯金できないんですよ。

そうでした、そうでした

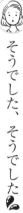

▼お金の使い方に、自分の心が現れる

ミワさんに貯金がない理由がわかってきました。どうせ貯金なんかできやしないと不貞腐れる気持ちから浪費に走っているのでは？

つい自棄になって衝動買いをしてしまうんですよね。そもそも優柔不断なんだと思います。友達からのご飯の誘いは断れないし……。

時には発散することも大切。自分が稼いだお金をなにに使おうといいんですよ。

ですよね。「アリとキリギリス」の話も一理あるけど、老後のお金のことばかり考えて、いまを楽しまないのもどうかと思うんですよ。だって人生は一度きりじゃないですか。いましかできないこともあるし、いつ死ぬのかもわからないし。

私も**いまを楽しむことと老後の備えのバランスをとっていくことが大事**だと考えています。ただミワさんの場合は貯金することが先決。老後の問題以前に、いま、病気になったりした時に貯金がなかったらどうするんですか？

わかってはいるんですけれど、どうして私、貯金できないのかしら？

お金の使い方には、その人の心が現れているといえるでしょう。寂しいとかみじめだとか悔しいとか妬ましいとかいった負の感情に翻弄されてしまうと自棄買いや自棄食い、深酒やギャンブルなどに走ってしまいがちで、結果、お金がたまりません。

わかるぅ。なんだか私、自分がみじめに思えて、ちまちま貯金したり、欲しいものを我慢したりするのが嫌なんですよね。

それっておかしくないですか？　自分が老後に困らないために貯金するのに、どこがみじめで可哀想なのでしょうか？

考えてみればそうですね。

我慢すると考えるのではなくて、貯金を楽しむという方向へ気持ちを切り替えることが貯金のコツ。最初はつまらないかもしれませんが、月に3000円貯金すれば1年で3万6000円たまります。10年続ければ36万円になると考えただけでワクワクしてきませんか？

月に3000円でねぇ。私、月に3万円天引き貯金しよう！　それだと1年で36万円。10年で360万円になりますよね～。

確かに天引きして、初めからなかったお金だと考えてためるというのは一つの方法ではあります。でも無理は禁物。給料日に天引きされたお金をピンチになったからと次の給料日前に引き出してしまうことになれば、お金はたまらず挫折感だけがのこるといった最悪なことになってしまいます。実はそういう人が多いんです。お金に対する挫折感は貯金しようという意欲を妨げ、そればかりか自暴自棄になって、老後破綻まっ

しぐらとなってしまいかねません。

ギャー。

▼家計簿をつければ無駄遣いが一目瞭然

そうならないために、**まずは毎月の支出を把握しましょう。**これは私がコンサルティングをする際にベースにしている部分で、なににいくら使っているかという現状を把握することが支出ダイエットと直結しています。特にミワさん世代の方に言えることですが、お金の使い方のパターンが固定しているために、余計な浪費に気づきづらいケースが多いのです。**自分の無駄遣いの癖を自覚するためには家計簿をつけることが有効です。**※コラム3　理想的な家計費とは

はい、わかりました。家計簿をつければいいんですね。ちょっと面倒くさいけど、家

計簿をつけるだけでいいなら簡単だわ。

いやいや、家計簿をつけるだけじゃなにも改善されませんよ。家計簿から浮かび上がる浪費を改善していくことが目的ですから。

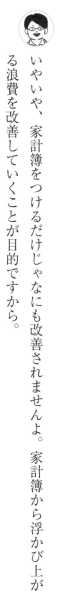

あ、そうか。でもどうやって？

生活費には、収入に対する理想の割合があります。家族構成によりますが、たとえば住居費は収入の25パーセント、食費は15パーセントが目安といった具合です。あくまでも目安ですからギチギチに考えることはありません。お洒落が好きだという人は被服費が膨らむでしょうし、グルメな人はエンゲル係数が高くなるでしょう。なににお金を使うのかは人によって違っていいのです。ただし、その分は他の項目で支出を抑えなくては破綻に向かってしまいます。

だから支出ダイエットをすると……。でもダイエットにはリバウンドがつきものですけれど。

無理して必要な支出を抑えようとするとストレスが溜まってしまい続きません。だから削っても生活に影響しない支出を「見える化」するために家計簿をつけるのです。自分にとって無駄な支出を削り、家計をスマートにすることを目指しましょう。

※コラム4　家計簿をつけよう

▼貯金生活の鉄則とは？

私の場合、リボ払いの月々の支払いがキツイんですよねぇ。お恥ずかしい！

ありがちなことです。分割払いは借金をして買い物をすることですが、計画性を持って利用する分には便利なシステム。ですから分割払いで買い物をすること自体は恥ずかしいことでもなんでもありません。計画性がないってことに問題があるのです。一

括で買えばいらない利息ほど無駄な支出はないと思いませんか? つまり**借金返済を優先することが貯金生活の鉄則**だといえるでしょう。当然のことながら今後、分割払いは控えてください。

でもまとまったお金がない私にとってリボ払いは救世主みたいなもので。

欲しいものがあってもお金がないなら買わないと決めることです。いや、ミワさんはお金があっても買わずに貯金することです。いまある物で工夫して暮らすと決める。工夫を楽しめるようになったらしめたものです。小耳に挟んだところによれば人の感情は6秒でピークを過ぎるそうです。買いたいという衝動に駆られた時も6秒数えるといいでしょう。そして、買うことは2~3日待つことにしてみましょう。そのあいだに**「ほんとうに必要か?」と考えることを習慣化してください**。時間がたつと「もういらない」となってしまうことも結構あるんですよ。

なるほど~。買っても着ない服、使わないもの、同じものを既に持ってたなんてこと

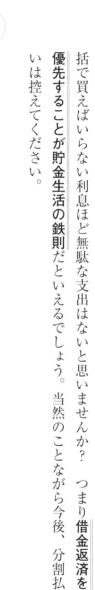

もあるんですよねぇ。

もしかして部屋の中はものであふれてませんか？ だとしたら断捨離して、ほんとうに必要なものだけをのこしてみてはいかがでしょう。そうすれば必要以上のものはいらないという気持ちになりますよ。ほんとうに必要なものも明確になりますし。

私、捨てられない人なんです。だからお財布もこのとおり。

なんですか、このパンパンな財布は！

お札はちょっとしか入ってないんですけど、レシートとかショップカードとか、お店のポイントカードとか病院のカードなんかも入れてるし、もちろんクレジットカードに銀行のキャッシュカード、健康保険証、免許証とかいろいろ。

余計なものは捨て、スッキリと整理して、お金のたまる財布にしてください。これも

貯金生活における鉄則です。※コラム5　お金の流れが見えるお財布

お金のたまる財布って？　そんな魔法の財布があるなら欲しいですぅ。

「お金のたまる財布」というのは「お金の流れが見える財布」という意味です。ミワさんのお財布は「お金の管理ができない財布」の典型だといえるでしょう。クレジットカードだけで5枚、いや6枚か。あ、ここにもあった！　7枚もありますけど、こんなに使いますか？

決まったカードしか使っていないのですが、「いま、入会すると10パーセント引きですよ」とかいう誘い文句につられて作ってしまいまして……。

無駄に年会費を払っている可能性があるので、**使っていないクレジットカードは直ちに整理してください。更によく使うカードも年会費のいらないものに切り替えることをおすすめします**が、その場合もよく調べてくださいね。2年目から年会費がかかる

ケースもありますので。

解約するのも切り替えるのも面倒くさいんですよねぇ。

マメに動くことが節約の秘訣なんです。節約の達人はスーパーのチラシをマメにチェックして、遠くても1円でも安いスーパーへ行くといいます。メルカリなどのフリーマーケットアプリで使わない物を売ってお金を稼ぐ人もマメですよね。時は金なりといいますが、時間＝お金という発想を持つことも大事だと思います。わかりやすいところでは外食を控えて手料理を作る、クリーニングに出さずに手洗いをするといったことが節約につながるわけで。みんな頑張って貯金してるんですよ。

▼節約できるのは「現金払い」「カード払い」？

カードだと買い過ぎてしまうから現金しか持ち歩かないという人もいますけれど、先

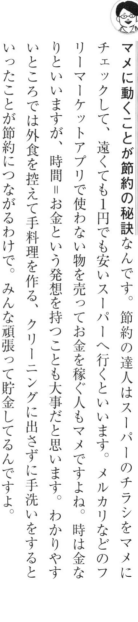

生はどうお考えですか？

自分に合ったほうを選べばいいと思います。つまり正解はないということです。確かにカードは気が大きくなって使い過ぎてしまうというデメリットがありますが、ポイントによる還元があるなどのメリットもある。一方、現金は持ち合わせがなければ買いたくても買えません。お財布から目に見えて現金が減るので買い控えようという発想につながることもあるでしょう。ただし現金をＡＴＭでおろす場合、基本的に平日１１０円、時間外や日曜日などは２２０円も現金税（手数料）がかかってしまうというデメリットがあります。

そうなんですよ。１０００円おろすのも1万円おろすのも手数料が同じなので、私はざっくり1万円単位でおろしてしまうのですけれど、あっという間に使ってしまうことの繰り返しで……。

使ってしまうのは意志の問題ですけど、いずれにしても**ＡＴＭの手数料は余計な出費**

といえます。銀行によって会員であれば4回までの手数料がタダになるといったサービスを行っているケースもあるので、調べたうえで賢く利用して節約に努めましょう。

当たり前のように支払っているものの中に節約の盲点が潜んでいるかもしれないという発想を持つことが大事なのですね。

同時に時代の波に乗って新しいシステムを導入することも視野に入れてください。たとえば電子マネー。**スマホで簡単に決済できるLINE PayやPayPayはポイント還元も良く、利用履歴の管理も簡単**ですので検討するといいでしょう。クレジットカードブランドがついた**デビットカードもおすすめ**です。引き落としが今月なのか来月なのかわからないクレジットカードはお金の流れが見えづらく管理がしづらい。さらに還元率も高くないといった理由から私もクレジットカードからデビットカードに切り替えました。

先生も？　デビットカードってそんなにいいんですか？

デビットカードは口座から即時引き落とされるので、ほぼ現金と同じ。連動している銀行口座がお財布という感覚です。しかもクレジットカード決済ができるところであればどこでも使えます。お金の出し入れを常に把握しておくことがお金をためる基本となりますので、是非、即時決済を習慣化してください。そのうえで**お財布代わりにする口座とためる口座は別にする**こと。ためる口座に入れたお金には手をつけないとルールを決めなければお金はたまりません。

▼貯金ゼロ、退職金なし、年金が少なくても生きていく方法とは？

いろいろなことを教えていただきましてありがとうございました。細かなことの積み重ねが大切だということがよくわかりました。なんですけど、貯金ゼロ、退職金なしの私が定年退職するまでの10年間で、老後を生き抜くだけのお金をためることなどできるのでしょうか？

はっきり言って無理だと思います。50代独身女性の平均貯蓄額は700万円ですが、ミワさんは不測の事態にそなえて、まずは月収の6カ月分のお金をためること。定年退職までに少しでもふやしていけるよう頑張ってください。

でもそんな貯金は焼石に水。年金生活が始まったらすぐに消えてしまいますよ。やっぱり私は野垂れ死ぬしかないんですね。

大丈夫です。**貯金がないなら働き続ければよい**のです。定年退職後に新たな職をみつけ、仮に月額15万円稼いだとしたら10年で1800万円の収入を得ることができます。

あらっ、私がもらいたいと思っていた定年退職金を超える金額だわ！

定年後は貯金を食いつぶすものと思い込んでいる人が目立ちます。その発想でいけば貯金のない人はどうするの？　となってしまう。でも**定年後も収入があると切り替えれば不安を手放すことができる**のです。総務省の家計調査によれば定年退職後の単身

者における生活費の不足分の平均額は3万8000円ですが、その分を節約するよりパートで働いて回すというのでもいいし、1万9000円分働いて、1万9000円分は節約するというダブルの発想で切り抜けるのもアリだと思います。

でも働き続けなくちゃいけないなんて、正直しんどいですぅ。

仕事を辞めて、お金もなくて、家でなにをして暮らすんですか？　社会から切り離されたような気分になって生きる気力を失い、しかも女性の平均寿命は89歳ですから、65歳で定年を迎えたとしても24年も生きるわけです。働いていれば、行く場所があって、人と触れ合うこともできるし、お金も入る。**生涯現役は理想的な生き方**だと思いますけどね。

定年退職後の私を雇ってくれるところなんてあるのかしら？

シルバー人材を募っている会社はたくさんあります。みつからなければ、その期間は

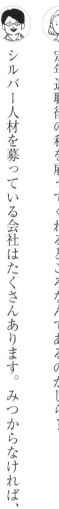

定年退職後再雇用制度といって、ある一定の条件を満たせば失業保険（雇用保険）をもらうこともできるのです。仕事が見つかっても現役時代より定年退職後の給与が75パーセント以下に下がった場合には、高年齢雇用継続基本給付金がもらえます。

まったく知りませんでした。それって定年退職後も働くための流れができているってことですか？

定年退職で人生が終わるという発想自体がもう古い。**定年後に第二の人生が始まるととらえるべき**だと思います。そのために人脈を広げておく、アンテナを張り巡らせて再雇用に関する情報をキャッチしておくといったことが大事。いまのうちに専門職の資格を取得したり、職業訓練校で手に職をつけるなどの準備を進めておくことも自助活動の一環です。

定年後はどうなるのだろうと闇雲に不安がっていましたが、**いまをどう生きるかで未来は変わる**んですね。

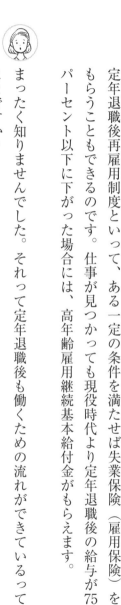

これからの日本は人口が減り、高齢化がますます進みます。年金等の不安は否めませんが、元気で働く意欲があれば間違いなく働く場所はあるといえるのです。企業も高齢者の労働力を借りないと無理だという社会に突入しつつあります。だから健康第一。**健康でさえあればなんだってできる**のですから。

ドンヨリしてる場合じゃないわ。生涯現役を目指して頑張ります！

コラム 1

退職金制度の実情はどうなっている？

ミワさんのように会社が経営不振で退職金が出なくなったという人や、会社が倒産してしまったという人は年々ふえ続けています。とはいえ現状では、ミワさんが主張するように50代の会社員は定年退職金をもらえないケースよりもらえるケースのほうが多いようです。

厚生労働省の「平成30年就労条件総合調査」の結果によれば、退職金制度を導入している会社は全体の80・5パーセント。従業員数1000人以上の企業だけでみると92・3パーセント。30～99人の企業では77・6パーセントです。

ではいくらくらいもらえるのかというと、平成29年に勤続20年以上かつ45歳以上で定年退職した人が受け取った退職金の平均額は大学・大学院卒で1983万円。そんなにもらえるのか！　と思う人がいるかもしれませんが、20年前に比べて1000万円近くもダウンしています。しかも不景気、低金利、人口減、終身雇用（一つの会社に定年まで勤め続ける）からの働き方の変容などの影響により定年退職金制度を持続していくことが難しいと考える企業が急増するものと予測されているのです。

誰がいつ、ミワさんのように「もらえると思っていた退職金がもらえなくなってしまった」という状況になっても不思議ではない時代だといえるでしょう。だからといって落ち込んでいる時間は不毛。「ではどうするか?」と素早く気持ちを切り替えることができるかどうか。ここが運命の分かれ道なのです。

もとより日本に存在する約5分の1にあたる企業では退職金制度が導入されていません。それに企業で働く労働者全体をみれば、男性の21・2パーセント、女性の55・3パーセントがパートタイマー、アルバイト、契約社員、派遣社員などの形態で働く非正規社員。フリーランスとして働いている自由業の人も定年退職金とは無縁なわけで。退職金はもらえればラッキーですが、もらえなくても大丈夫なのです。

コラム 2

2000万円問題とはなにか

政治論争にまで発展した「2000万円問題」。そもそもの発端は金融庁が2019年6月に報告した『金融審議会市長ワーキンググループ報告書』の中に、「高齢者夫婦無職世帯の平均的な毎月の赤字額は約5万円であり、95歳まで生きるとすると5万円×30年で2000万円の貯金が必要である」といった内容の文章が盛り込まれていたことです。

かねてより「老後資金は3000万円必要」とか「1億円ないといけない」などと囁かれてはいましたが、国から具体的に金額を提示されたことによって多くの人の不安を煽ってしまったのでしょう。私のところにも「どうしたら2000万円ためることができますか?」と相談にみえる方が少なくありませんでした。

「年金だけでは足りないなんて!」「急に自分で老後資金を準備しろなんて無茶だ」という声があがりましたが、正直なところ、私は年金だけで食べていけると思っている人がいることに驚いてしまいました。自分がどれくらいの年金をもらえるのかは調べればわかるはずなのになぁと。

しかも金融庁の報告書は、総務省の家計調査をもとに今後の国の対策を考えていくことを目的としたもので、「2000万円の貯金がない人のことは知らない」などと上から目線で通達したものではないのに誤解して受け止めた方が大勢いたようです。

では本当に2000万円の貯金が必要なのかといえばケースバイケース。金融庁が発表したのは、あくまでもモデルケースであり、一つの目安に過ぎません。

老後資金を足りるものにできるかどうかはその人次第だと思います。なんの考えもないまま老後生活に突入すれば、潤沢な蓄えがあっても足りないといえるでしょう。逆に節約生活を身につけ、毎月の補填額が2万円程度となれば720万円程度の貯金を用意しておけばいいという計算になります。

いずれにしても、「自分の場合は」と考えることが重要。情報に翻弄された挙句、闇雲に「2000万円なんてないよ」と過剰反応するのはナンセンスなのです。

コラム 3

理想的な家計費とは

理想的な家計費の割合は、当然のことながら収入や家族構成によって大きく変わってきますので、ここでは単身者、夫婦共働き、子供がいる夫婦の3パターンをご紹介します。

ご紹介する割合は、私が2万件の家計相談をしてきたうえで分析したものですが、どの項目にお金をかけるのかは人によって異なります。なのでこの通りにしなくては家計が破綻するというのではありません。ただし、収入が少なくても貯蓄することを可能にした家計をベースに作成していますので、誰でも実現可能な数値です。是非、参考にしてください。

単身者世帯 理想の家計バランス

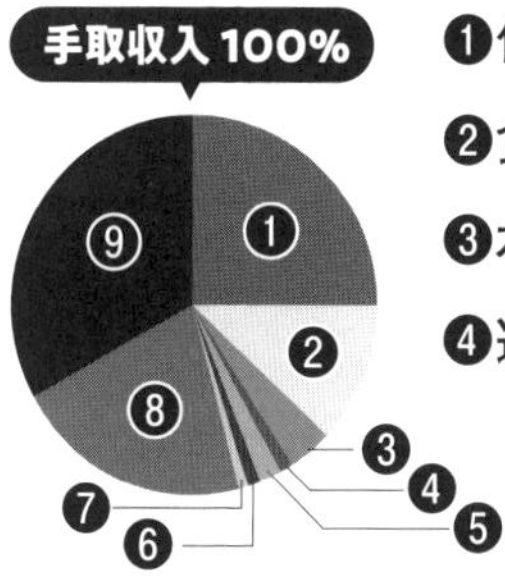

❶住居費：25%
❷食費：12%
❸水道光熱費：4%
❹通信費：1%
❺生命保険料：2%
❻医療費：1%
❼日用品費：1%
❽そのほか：21%
❾預貯金：33%

共働き夫婦世帯 理想の家計バランス

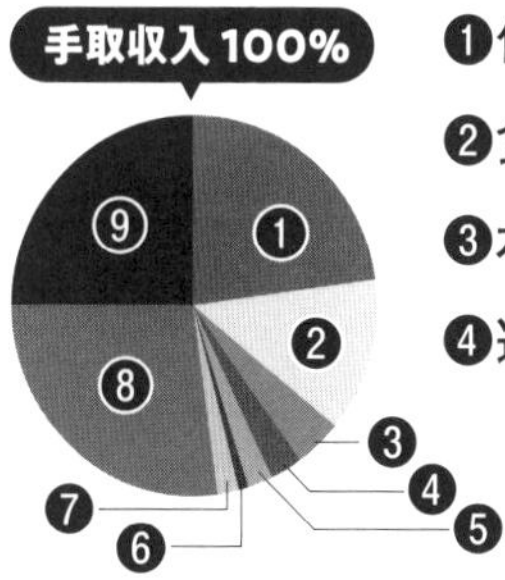

❶住居費：23%
❷食費：13%
❸水道光熱費：4%
❹通信費：3%
❺生命保険料：2%
❻医療費：1%
❼日用品費：2%
❽そのほか：27%
❾預貯金：25%

夫婦＋小学生未満の子ども 3 人世帯 理想の家計バランス

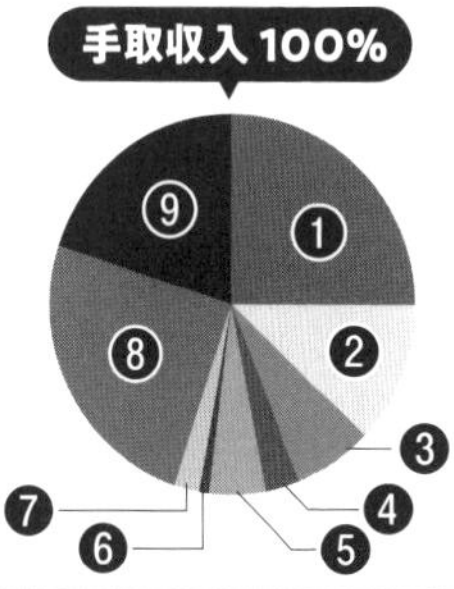

❶住居費：25%
❷食費：12%
❸水道光熱費：7%
❹通信費：3%
❺生命保険料：5%
❻医療費：1%
❼日用品費：2%
❽そのほか：25%
❾預貯金：20%

出典サイト「lifehacker」

コラム 4

家計簿をつけよう

家計の支出には「固定支出」と「変動支出」の2種類あります。家賃、新聞代、保険料、インターネット料など、毎月決まってかかる固定支出を少しでも抑えることができないだろうか？　と考えることが第一ステップ。自動的に引き落とされているだけで、ほんとうは必要のないものがあるかもしれません。安いプランに変更することが可能かどうかも検討しましょう。

闇雲に出費を削るというのではなく、冠婚葬祭や贈答品にかかるお金は惜しまず、自分のための出費は極力控えるといった具合に自分なりのルールを決め、メリハリのあるお金の使い方を心掛けることが大らかな気持ちで節約生活をするためのコツ。つまり長く続けるためのコツなのです。

私は常々、お金の使い方には「消費・浪費・投資」の3パターンあるとお話ししています。「消費」とは食費、日用品、交通費など生活のために必要な出費。「浪費」とは衝動買いやギャンブルなどで使う無駄な出費。そして「投資」とは貯金もそうですし、学費など将来の自分のための出費のことです。

日常生活の中で「このお金は3パターンのうちのどれに当たるだろう?」と考えることを習慣化するだけで、家計がグッと引き締まることでしょう。


家計簿は綿密につける必要はありません。「帰郷にかかる電車代は交際費か、交通費か?」といった質問を受けることがありますがどちらでもいいのです。友達と食事をしたとして、店の名前やなにを食べたかまで記す必要もありません。

ただし家計の流れを把握するためには家計簿を1カ月つけただけでは足りません。最低でも3カ月、できれば1年続けたいところです。

最近ではパソコンやスマホで使える家計管理ソフトもありますが、私は手書きで書くことをおすすめしています。パパっと数字を打ち込むだけ、写真をとりこむだけで済むのは便利ではありますが、それでは「考えながら」「省みながら」といった大事な部分が欠けてしまいかねません。家計簿をつける目的は、「記録」ではなく、「自分のお金の使い方を知る」ことであることを忘れないでください。

コラム 5

お金の流れが見えるお財布

ミワさんとの対話の中で「お金のたまる財布」とは「お金の流れが見える財布」のことですとお伝えしました。

そもそも財布とはお金を入れるためのもの。単にお金を入れるのではなく、現金がいくら入っているか、パッと見ただけでわかる使い方をすることが大切です。いま、自分の財布にいくら入っているか、常に把握しておくことが金銭管理の基本だといえるでしょう。

そのために必要なのはお財布に余計なものを入れないこと。ちなみに私はクレジットカードや商品券など、お金の役割を果たすもののみ長財布に入れ、健康保険証や運転免許証、よく利用する店のポイントカードは小銭入れに入れています。本当に必要なものを厳選すれば常備すべきものはそんなに多くはないはずです。

長財布に入れるお金は1万円札だけで、5千円札や千円札は折りたたんで小銭入れへ入れておくのも一案。そうすることで普段の買い物は小銭入れを持ち歩くだけで事足りるというのが一つ。もう一つには1万円札を別格なお札ととらえることで、できる限り崩さないよう意識することができます。

ミワさんのように何日分ものレシートをお財布に詰め込んでいる人は、お金の管理をしていない証拠。その日に使ったお金のレシートは、その日のうちに家計簿につけてお財布の中に持ち越さないこと。小型のジッパー袋に入れておけば、カバンの中から探す手間を省くことができ、管理が億劫になることを防ぐことができるでしょう。

我が家には個々の財布とは別の「生活費専用財布」があります。膨らみやすい食費や日用品などの変動費は、1週間分を毎週月曜日に生活費専用財布に入れ、その中でやりくりするようにしているのです。簡単な家計管理法ですので、是非やってみてください。

なるほどにゃん

第二章

年金が少ない人

――このままだと老後破綻まっしぐらな自営業夫婦との対話

相談者

信一さん　55歳　**京子**さん　55歳

先代から続く酒屋経営　▼子供が独立し、現在は二人暮らし

▼貯金300万円、しかも少ない国民年金でどうやって生きていけばいいの？

今日は遠路はるばる足を運んでいただきまして、ありがとうございます。

いや、たいしたことないです。新宿は利便がいいから。

よく言うわよ、あんなに億劫だとゴネてたくせに。外面がいいんだから。

余計なことを言わなくていいんだよ！

まぁまぁ。

お金の話になるといつも喧嘩になってしまうんです。

オマエがガミガミ責め立てるからだろうが。

責めもしますよ。我が家にはなんでこんなに貯金がないの？　あなたの浪費が原因よね？　毎晩、飲み歩くだけならまだしも、人に振るまってたらいくらあっても足りないわよ。酒屋が飲み代で身上をつぶしてどうするの？

男には男のつきあいってもんがあるんだよ！　オマエこそ、なんで貯金してないんだよ。月の売り上げが１００万を超える時期もあったのに、あの金はどこへ消えたんだ？
オマエに経理を任せた俺が馬鹿だった。

ヒィ！　私は必死でやりくりしてきたのにぃ～。

信一さん、店に入ってくるお金が１００万円だったとしても、それは利益ではなく売

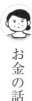

り上げですから。店舗を借りていれば家賃がかかるし、人を雇っていれば人件費もかかります。

うちは義父さんがのこした店を継いだので家賃はいらないけど、バイトの人を雇ってました。仕入れもしなくちゃならないし……。

いずれにしても**経費を差し引いた額が利益となります**ので、100万円をそっくりそのまま家計費として使えるわけではないのです。しかも自営業のお宅は毎月決まった給料が振り込まれるサラリーマン家庭と異なり、今月は売り上げが高くても来月のことはわからない。そういう不安定な家計の中でやりくりされてきた奥さんは立派だと思いますよ。

嬉しいこと言ってくれる〜。先生、私は二人の子どもを育てるために爪に火を灯すようにして暮らしてきたんです。その子どもたちも息子は社会人に、娘は昨年結婚して一段落ついたところです。でもこれから先のことが思いやられます。大学へ進学した

息子の学費や娘の結婚資金を捻出したら、貯金がすっからかんになってしまいまして……。

すっからかんかよ！

いろいろかき集めても３００万円くらいしかないと思う。だって駅前に大手のスーパーができてから売り上げがガクンと減って貯金どころじゃないのよ。

確かに経営は苦しい。

しかも我が家は国民年金だからもらえる年金が会社員より少ないときてる。このままじゃ老後破綻まっしぐらだわ。※コラム１「会社員」「自営」、どっちがトク？

▼コンビニ経営は「新たな苦悩の始まり」

先生、ものは相談なんですが、酒屋からコンビニ経営に切り替えるってのはどうなんでしょう?

はぁ?

三軒隣の鈴木さんに訊いたら自己資金３００万円でできたって言ってたぞ。

10年くらい前に私が「コンビニにしない?」って提案した時、あなたは「親父がのこしてくれた酒屋を手放す気はない!」って跳ね除けたのよ。そうこうしているうちにタバコ屋さんだった鈴木さんに先を越されちゃってさ。

繁華街ならともかく、三軒隣にコンビニがあるとなると条件がいいとはいえませんよ

ねぇ。私のところにみえる方の中には、フランチャイズに加盟して店をオープンさせたものの本部に納めるロイヤリティーが支払えず、どうしたものかと悩んでいる人も目立ちます。24時間営業のコンビニとなれば若くはない夫婦が切り盛りするのは大変ですし……。

24時間営業の店なんてムリムリ。私には私の老後の夢があるの。店をたたんでアパート経営に切り替えるってのはどうでしょうか？

一概にはいえませんが、駅前や学生街などよほど立地の良い場所でない限りは難しいでしょう。仮に土地を担保に入れてローンを組むことができたとしても、入居者がなければ返済していけません。リスクが大きすぎるといえるのです。アパート・マンション経営＝老後は楽勝と短絡的に考える方が多いのですが、「あれが新たな苦難の始まりだった」と後悔する人を私は数多く見てきました。もちろん成功例もあります。ただ私の知る限りでは複数の物件を持っているケースがほとんど。あっちの物件がうまく回らなくても、こっちの物件でフォローするという具合にリスクを分散していると

いうことです。そもそもアパート・マンション経営にはさまざまな知識が必要。俄か勉強でうまくいくほど甘くはありません。

▼病気やけがをしたとき、どうする？

ハァー。だったら私たち夫婦にどんな希望があるというの？

少しでも安泰に暮らすためにできることってあるんですか？

まず考えられるのは**家計を見直して手元にのこる現金をふやすこと**です。相談者には貯金を家のローン返済にあて、つまり繰り上げ返済をして完済してしまおうかと考えているという方もいますが、そうした方にも私は「待った！」をかけます。確かにローンには金利がかかるので早く完済したほうが得ですし、気持ちが楽になるということもあるでしょう。とはいえ**家のローン以外にも、たとえば病気になれば治療費が必要**

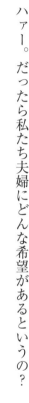

ですよね。

現金がないと困るよなぁ。

特に自営業の方は。自営業の方が加入している国民健康保険も会社員が加入している健康保険も病院に支払う医療費などは現状では3割負担と、そこは変わりません。ただし自営業の方には業務以外の病気やけがで4日以上仕事を休んだ際に支払われる「傷病手当」などの保障がないのです。**自営の方の病気やけがに対する備えは会社員より多めにしておく必要がある**といえるでしょう。

なのに夫の浪費癖は治らない。

オマエだって通販で健康器具やら化粧品やら買ってるじゃないか。無駄な抵抗はやめろっていつも思ってたんだ。

だったら言わせてもらうけど、あなたが無駄に着替えて出かけるシャツのクリーニング代、自分で払ってくれないかしら？

クリーニング代は家計費から出すに決まってるだろ。そうですよね？

家によって違うでしょうね。信一さんと京子さんの場合、夫婦間のお金におけるルールが定まっていないことが気になります。**まずはご夫婦で家計の話をすることから始めてください**。これまでなんとなく回ってきたのだからととらえてしまいがちですが、曖昧にしてきたことこそが貯金できない要因なのです。腹を割ってお金の話をして現実を把握しなければ改善することができません。きちんと計画を立てるためには「今後どれくらいお金が必要なのか？」と話し合うことも重要。**夫婦が一致団結して取り組めば改善の余地はある**と思います。

▼自然にお金がたまる方法

改善の余地があるということは、貯金できる可能性があるということか。

でも話し合うだけじゃお金はたまりませんよねぇ。

焦る気持ちはわかりますが、お金をためるためには「急がば回れ」という発想を持つことが大事なんです。

なるほど～。

って、あなた、ホントにわかってるの？　先生、もう少し具体的に説明していただけますか？

夫婦は互いに互いのお金の使い道について批判的であることが多いのですが、たとえば信一さんは飲み代、京子さんにとっては美容代が必要経費であることを理解し合う。そのうえで**完全お小遣い制にすることをおすすめします**。

お小遣い制に一票！　これまでは「金が必要だ」と言われるたびに渡してきたけれど、それはもうナシってことで。

うーん。小遣い制となると確実に飲み会の数を減らさないといけないなぁ。

信一さんは習慣的に続けてきたことだけに気づいていないかもしれませんが、無制限に飲み代を使い、尚且つ貯金もするなんて不可能。**貯金している人の多くが自分なりのルールを持っています**。貯金は夫婦が互いに自己管理に努めるということの積み重ねでしか実現しません。

自分なりのルールといいますと？

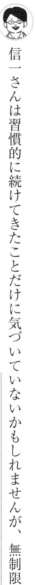

自分のお小遣いをなにに使うのかは自由です。その代わり使い過ぎた分の落とし前は自分でつけるというのがルール。たとえば信一さんの場合、お小遣いの範囲内でまかなえないなら飲み会は控える。京子さんの場合、3カ月に一度買う化粧品があるなら、その分を2カ月のあいだにためておくといった具合に自分でやりくりをしなければいけないということです。

自分に厳しくするのは苦手だけど、フェアなら納得がいくわ。

飲み会にいくたびにガミガミ言われないなら、それもアリか。

会社員の夫と専業主婦というご夫婦にもいえることですが、役割分担をしているだけで夫婦のお金は二人で協力して築くもの。やりくりも平等にというのが本来のあるべき形だと思います。こうして**夫婦で心を一つにしながら家計を整理していくことが老後破綻を回避するための近道**だといえるのです。

50代夫婦の平均貯金額はいくら？

それにしても我が家は貯金が少なすぎますよね？

令和元年の5月に発表された総務省家計調査の統計によれば、二人以上の世帯における２０１８年の平均貯金額は１７５２万円です。

うちは平均額より１０００万円以上も少ない！　落ち込むなぁ。

でも実はこれ、通帳に入っている貯金だけでなく株式などの有価証券や掛け捨てではない生命保険解約払戻金料も含んだ金額です。しかも平均額ですから、一部のお金持ちが数字を吊り上げていると考えることができるでしょう。実際、**貯金がほとんどないという50代世帯は全体の3割といわれています（中央値は900万円）**。30代、40代は子どもの養育費や教育費がかかるので貯金できなかったという家があっても不思

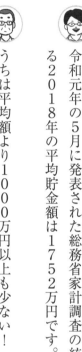

議ではないというか、むしろ貯金できるのが不思議だというか……。私は６人も子どもがいるので特にそう感じるのかもしれませんが。

６人も！

ええ。まだまだ学費のかかる幼い子もいるので、正直、大変なんですよ💧 それが頑張る原動力になっているということもありますけれど。我が家の話はともかくとして、晩婚化に伴い親になる年齢も高齢化していますので50代になっても子どもに学費がかかるという人も珍しくないのです。さまざまな事情があるのですから、**貯金がないからといってコンプレックスを抱くことはありません**。そもそも人の家と比べて落ち込むことにはなんの意味もないのですが……。

問題は貯金がないと困るということですね。ハァー。

でも、まだ50代ですから。**お子さんが巣立ってから仕事をリタイアするまでのあいだ**

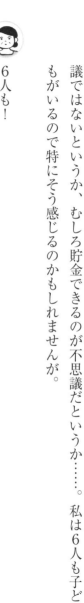

があるのなら、そこが貯蓄適齢期だということもいえます。

いまが最後のチャンスというわけですね。でも間にあうかなぁ。

▼いま貯金が少なくても大丈夫な理由！

十分な貯金が作れなかった場合には働き続ける必要がありますが、そもそも自営業には定年がない。これが強みです。これまでの延長で淡々と仕事をすればいいわけで、転職活動をすることもないし、慣れない仕事に戸惑うこともない。しかも、これまでのように働くのがしんどかったら、いつでも**「貯金しなくちゃ」から「いまある貯金を切り崩さないようにしよう」にシフトチェンジ**して、夫婦が食べていける分を稼げばいいというくらいなゆったりとした気持ちで働くことだってできるんですよ。

いよいよ肉体的な事情から働けなくなる時のために貯金はのこしておくと。

働けなくなってから死ぬまでのための貯金だと考えれば、50代でいくら貯金があるかは問題じゃないかも。仮に50代で２０００万円貯金があっても、60代で完全にリタイアした人は死ぬまで小出しにしていかなくちゃいけないから、最終的に家計崩壊してしまう可能性もあるわけで……。

いつまで生きるのかにもよるけどね。

どっちにしても貯金３００万円は少なすぎるけどね。

今のうちに少しでも貯金を殖やしておくことがいかに大切かということなんです。自営業の人は働けば働くだけ収入がふえるという頭がありますので、貯金を殖やすというと「もっと働かなくちゃ」となる傾向が強いのですが、まずは生活を縮小して貯金に回すお金を作ろうと考えていただきたいのです。 ※コラム２　働き過ぎると年金がカットされる？

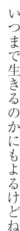

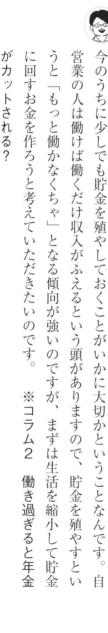

▼「国民年金」の受給額を上乗せするための方法

貯金も大事ですが、我が家は年金が少ないというのが痛いんですよね。

「国民年金」である我が家がもらえる年金額は40年間納めたとしても確か一人6万円くらい。現状では夫婦合わせても13万円ほどですよね。妹のとこは会社員の共働きなんです。定年まで勤め上げれば二人の厚生年金支給額を合わせて月に28万円ほどになる見込みだと聞いてます。

確かに「国民年金」の支給額が少ないというのは不安材料ですよね。ただ、それを補う方法があります。

是非、教えてください！

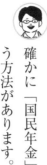

自営業の方やフリーランスの方、その配偶者が年金受給額を上乗せする方法は二つあるのです。一つは月々の「国民年金」の保険料に400円をプラスして年金支給額を引き上げる**「付加年金」**。もう一つは**「国民年金基金」**です。こちらのほうは公的年金ですが、加入は任意。加入時期やパターンの組み合わせ、口数を選ぶことができます。しかも掛け金は社会保険控除の対象となります。ただし一度加盟すると脱退できない、「付加年金」と「国民年金基金」の併用はできないといった条件があるので、よく考えてくださいね。

さっそく調べてみます。

画期的にもらえる年金がふえるわけじゃなさそうだけど、いまできることをどんどんやっておこう！

国の制度はどんどん変わっていきます。たとえば**2019年の10月からの消費税増税による支出増の対策の一つとして年金だけでは暮らせないという人のための「年金生**

活者支援給付金」が始まりました。老齢年金の場合、国民年金保険料を40年間支払った人で、前年度の公的年金受給額と所得額の合計が87万9300円以下だったという人を対象に、年間6万円の支援が上乗せできるようになったのです。

全然知りませんでした。

どんな支援があるのかといった情報は積極的に求めなければ知る術がありません。**いざという時のために情報を集めておく**ことも、いまできることの一つだと思います。

※コラム3　夫婦でもらえる年金の目安

▼ 熟年離婚すると年金はどうなるの？

商売がうまくいってた時代もあったんだけどなぁ。商売さえうまくいってれば年金は老後の小遣いにできたのに。

「たら・れば」の話をしてもしょうがないじゃない。

苦労をかけるつもりじゃなかったんだけど。

やだー、苦労だなんて思ってないわよ。でももし熟年離婚したとしたら、妻のもらえる年金ってどうなるんですか？

おい！

京子さんの場合、ご夫婦共に自営業、つまり国民年金の第1号被保険者ですので、納付した月数が同じなら**離婚してもそれぞれが同じ老齢基礎年金の給付を受給します。**

ちなみに夫が会社員で妻が専業主婦だった場合は？

夫は第2号被保険者、つまり厚生年金被保険者です。一方、妻は国民年金の第3号被

保険者なので、離婚した場合、夫は国民年金からの老齢基礎年金と厚生年金からの老齢厚生年金を受給できるのに対して、妻は国民年金からの老齢基礎年金のみの受給となってしまいます。

えーっ。専業主婦である妻の労力は無視ですか？

いや、まだ話には続きがあります。厚生年金制度はもともと夫婦単位にとらえて作られたものでした。ところが時代の流れと共に離婚がふえてきたため、**２００７年４月から離婚時の年金分割制度が導入されるようになった**のです。分割方法は２００７年にスタートした「**合意分割**」と２００８年に始まった「**３号分割**」の２種類があります。

なんか複雑そうだな。

「合意分割」は２００７年４月以降に成立した離婚が対象です。婚姻期間中の「厚生年金の報酬比例部分」について夫婦で話し合い、上限50パーセントとして分割の割合

を決めます。「３号分割」は２００８年４月以降に成立した離婚が対象。２００８年４月以降に妻が第３号被保険者だった期間の夫の厚生年金の報酬比例部分を、夫の合意なく自動的に２分の１に分割して受け取れるようになりました。

そう来なくちゃ！　半分が妥当よ。

でも**分割できるのは婚姻期間の厚生年金部分だけ。基礎年金部分は分割されません。**

ってことは専業主婦にとって熟年離婚は損だということですか？

年金の取り分が多いから離婚するって女はいないだろ。

ところがですね、年金分割制度が始まった当時、夫の年金総額の半分をもらえるものと誤解した妻が大勢いて、熟年離婚に脚光が当たったんですよ。制度の実態を知り、思いのほかもらえないと落胆したことでしょう。

▼遺族年金をもらうための条件とは？

もし夫が死んだら、遺族年金をもらえるんですよね？

今度は俺を殺す気か！

どちらが先かは天のみぞ知るですが、どの夫婦もいつかは死別するのですから「遺族年金」について知っておくのは大切なことなのです。**生計を維持している人が亡くなると、のこされた家族に「遺族年金」が支給されます。**仮に信一さんが先立たれた場合、自営業である信一さんは国民年金に加入している第1号被保険者ですので、条件がそろえば京子さんは**「遺族基礎年金」**をもらうことができます。夫が会社員の場合には、厚生年金に加入している第2号被保険者なので「遺族基礎年金」に加え**「遺族厚生年金」**がもらえるのですが……。

えー、嫌な予感。誰もがすんなりもらえるわけではない、とか？

そうなんです。**さまざまな条件があります**。「遺族厚生年金」を受け取る妻、あるいは夫は、故人と生計を同一にしていて、年収が８５０万円未満であることが条件。さらに「遺族基礎年金」は子どもがいる妻（夫）、または子どもが対象です。この場合の子どもとは「18歳到達年度の末日である3月31日を迎えていない子ども」と「障害等級1級、または2級に該当する20歳未満の子ども」を指します。

遺族基礎年金の目的は、子どものいる遺族の生活を支えることなんですねぇ。

ええ。ですから**子供が18歳の年度を迎えると支給終了**となります。

でもさっき先生は、夫が亡くなった場合、私は遺族基礎年金をもらえると……。

夫が国民年金に10年以上加入していて、婚姻生活が10年以上あれば、子どもがいなくても**「寡婦年金」**が支給されます。ただし、支給期間は妻が60歳から65歳になるまでの5年間に限られます。つまり**妻が65歳を超えている場合には寡婦年金の対象から外れます**。

夫が会社員の場合は「遺族基礎年金」のほかに、「遺族厚生年金」がもらえるわけですが、「遺族厚生年金」も同じ条件なんですか？

いいえ。**「遺族厚生年金」は「遺族基礎年金」とは異なり、子どもがいてもいなくても支給されます**。先にお話ししたように、年収の制限はありますが。会社員、または公務員である配偶者によって生活を支えられていた妻、子、孫（年齢条件は遺族基礎年金と同じ）、55歳以上の夫、父母、祖父母といった遺族が受給者に該当します。ただし受給できるのはもっとも優先順位の高い人だけです。

ご主人が他界したあと遺族年金をもらってると言っていた友人が、先日、熟年結婚したんですけど……。

再婚した場合には、遺族年金の受給権を失います。入籍していない事実婚であっても同様です。ただし死別した人とのあいだに子どもがいる場合、子どもは遺族年金を受けることができます。

▼年金はいつからもらえばいいのか？

ところで先生、年金はもらい始める年齢を選ぶことができるんですよね？

老齢年金の受給開始年齢は原則的には65歳ですが、60歳から70歳までのあいだで選ぶことができます。65歳の基準より受給を早めることを**「繰り上げ受給」**といい、1カ月繰り上げるごとに年金受給額が0・5パーセント減。5年間繰り上げると年金受給総額は本来の7割になってしまうのです。逆に65歳より遅くもらい始めることを「繰り下げ受給」といい、1カ月繰り下げるごとに年金受給額が0・7パーセントふえます。その支給額が生涯続くので、5年間繰り下げて70歳から年金を受け取ると、本来の年

金受給総額の142パーセントが支給されることになるのです。

すみません、先生。もう少し具体的に教えていただきたいんですけど。

仮に老齢基礎年金を1年に2018年の満額77万9300円受給できるとしましょう。5年間繰り下げて70歳から受給を開始するとしたら、110万6606円に引き上げることができます。つまり32万7306円の増額となり、利回りを換算すると年率8・4パーセント。**公的年金の繰り下げはどんな金融商品よりも利回りがいい**といえるのです。

でも70歳からもらおうと決めたものの、それ以前に死んじゃったら……。

そこなんだよ。自分は早く死ぬとわかってたら迷わず繰り上げちゃうんだけど。長く生きるなら70まで働いて繰り下げたほうがいいだろうし。

結局のところ、いつからもらうのが一番得なんですか？

損か得かと考えていたら答えは出ないでしょう。お金はあの世へは持っていけませんから、年金を払ってきた分の元を取らなきゃ損だなどという発想は手放して、生きている人が生きるために使って欲しいと考えたほうがいいと私は思います。

つまり繰り下げたほうがいいと。

できれば。年金は個人単位で加入するため、京子さんか信一さんのどちらかだけが繰り上げる、または繰り下げることも可能です。

なるほど～。リスクを分散することにもつながると。しかし、そのうち有無も言わさず受給開始年齢が70歳からという時代に突入するかもしれないなぁ。

実際、会社員がもらう老齢厚生年金の受給開始年齢は60歳でした。ですが法律改正に

より国民年金の供給開始年齢が65歳に引きあげられました。厚生年金もそれに合わせ引きあげられ、現状では経過措置として「特別支給の老齢厚生年金」として段階的に受給開始年齢をあげています。そして男性は1961年4月2日生まれ以降の人、女性は1966年4月2日生まれ以降の人から特別支給が完全になくなります。60歳で退職したとしたら65歳で年金を受給するまで「空白の5年間」ができてしまうわけです。

5年間無収入になるのはキツい。得策ではないとわかっていても、年金の受給年齢を繰り上げざるを得ないよなぁ。※コラム4　年金、あなたはいつからもらう？

「節約すべきこと」はこんなにある！

やっぱり貯金しなくちゃ。

そうだなぁ。先生の言うように、まずは生活費を見直してみよう！

ねぇ、私、前から思ってたんだけど、車っていらなくない？

なに言ってんだよ！　交通網が発達した都会ならともかく、車がなくちゃどこにも行けないじゃないか。

飲み会にはどこまでだって徒歩でいくくせに。それに配達用の軽トラだってあるじゃないの。

軽トラ？　子どもたちが帰ってきて墓参りに行く時はどうすんだよ。

お墓参りの時だけレンタカーにしたらいかがですか？　こうした柔軟な発想が節約を生むのです。自動車は維持するだけで駐車場代がかかるし、保険だけで年間10万円、そのほかにも自動車税や重量税などの税金、2年に一度の車検代が必要。もちろんガソリン代も必ずかかります。車を手放すだけで年間30万円から50万円も節約できるのです。

そんなに！

でも病院に行く時はどうすんだよ。

タクシーを呼べば？　何往復したって年間30万円超えにはならないと思うんだけど。車を売れば貯金できるし。車検の前に売っちゃってよ。

なくてもいいような気もしてきた。

絶対に必要だと思い込んでいるものはほかにもあるのではないでしょうか？　たとえば固定電話は携帯電話があれば事足りてしまいますよね。解約すれば月額１７００円の基本料金×12カ月で年間２万４００円節約できます。それから新聞はどうでしょう？

新聞を読むのは日課です。隅から隅まで読んでます！

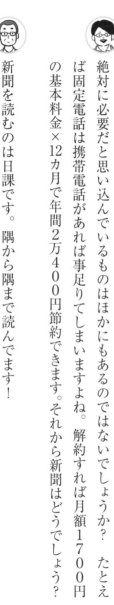

そのわりには年金制度に疎いけど。カッコイイこと言っちゃって、スポーツ欄しか読んでないんじゃないの？

そういうオマエはテレビ欄しか見てないじゃないか。

いいじゃない！　でも我が家の場合、夕刊は手つかずのまま新聞回収袋行きってことが多いのよね〜。

夕刊の相場は50円ですので、月に20日として約１０００円×12カ月で年間約１万２０００円の節約になるのです。

改めて考えてみるとデカイなぁ。

「定期保険」と「終身保険」のどちらがトク？

家計を振り返って、この出費がなければ楽なのにと思うものってありませんか？

生命保険の保険料が気になりますが、さすがに生命保険は解約できないわよね。これからが必要になるって時だもの。

そうだよ。若くから始めたほうが掛け金が少なくてすむとすすめられて契約して、これまで30年近くも払い続けてきたんだから。解約したら大損だよ。

気持ちは理解できますが、それも思い込みだと言えそうです。**保険はライフステージの変化で見直すことが大事。たとえばの話ですが、子どもが独立したら大きな死亡の保障はいりません。**

でも少しでも死後にお金を遺してやりたいんです。

お子さんに死亡保険金を遺すためにいまを生きるための貯金ができないなんて本末転倒だと思いませんか？　生きているあいだのお金に困ってお子さんを頼るようなことになるとも限りませんよ。

でも医療保険は必要だよね。病気になった時に子どもに迷惑をかけるのは忍びない。

日本は公的保険が充実しています。万が一、大病になっても高額療養費制度がある。70歳以上であれば、どれほど医療費がかかっても、一般的な収入であれば健康保険が適用される医療費の負担は基本的には月額５万７６００円に抑えられるのです。

あなた、保険を見直しましょう！

そうだな。でもどうやって？

生命保険に加入することは安心をお金で買うこと。とはいえ闇雲に買えばいいというものではありません。きちんと**保障内容を把握して、さまざまな商品と比較したうえで検討することが大切**なのです。

あらー、なにも考えずに老舗の保険会社で外交員をしている友達にすすめられるままに加入しちゃったんですよねぇ。カードを作った時に毎月の掛け金が安いからってことで、なんとなく入ってしまった保険もあるし。

ありがちな話です。でも保険に加入する前に考えておくべきことがありました。「我が家に死亡保険が必要な期間はいつまで？」「生活費はいくら足りなくなるの？」と大黒柱が死亡してしまったと想定した場合、自分たちはどのくらいのお金が必要なのかを把握する。そのうえで遺族年金や自分が仕事をして稼げるお金で足りない分を保険でまかなうというのが基本的な考え方です。こうして死亡保険金をいくらにするかを定めます。

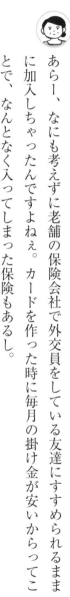

死亡保険金が大きければ、その分、掛け金が高くなるわけだから、慎重に決めないといけないってことだな。ところでいま俺が死んだらいくらになるんだ？

1000万円×2で2000万円だったかしら？

俺の命は2000万円か……。ちなみにいま、解約したらいくらになるんだ？

わかんない。確か保険の種類によるんですよね？

保険には大きく分けて「定期保険」と「終身保険」の2種類があります。定期保険は、一定期間内に死亡した時に保険金を受け取れる保険。いわゆる「掛け捨て保険」と言われるものです。一方、「終身保険」は保険金が受け取れる期間が一生涯続きます。掛け捨てではなく、いわゆる「貯蓄型」といわれるものです。

例えば1000万円の死亡保障の終身保険に30歳で加入して、払込期間が60歳までの

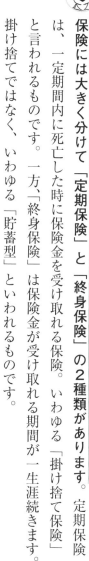

30年間だとしたら、60歳を超えたら、払い込んだ保険料を解約返戻金《へんれいきん》が上回ってくるのか。ただしいつ死んでも1000万円は保障されていると。

掛け捨て保険のひと月の保険料は安いけど、「定期保険」と「終身保険」のどちらかを選ぶとしたら？

役割が違うので、自分に必要な保障にそって使い分けて下さい。「終身保険」は保障が一生涯という点でお葬式代などの自己の整理費用を準備するのに向いてます。

豪華な葬式などいらんよ。

大黒柱が死亡した時、必要なお金が1000万円以内なら終身保険だけでよいのですが、もっと必要だと考えて終身保険の保障額を高くすると月々の支払いが多額になってしまいます。そこで足りない分だけ定期保険でカバーする。このコンビネーションが理想的なのです。

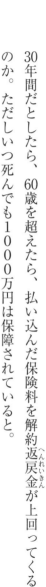

▼保険を考えるうえでのキーワードは「医療」「死亡」「貯蓄」

先生がおっしゃったように育ち盛りの子がいるわけじゃないから、死んだ時の保障額は抑えていいのかも。その代わり、ガンやガンを含む三大疾病の保険を追加しようかしら？

検討するのもいいでしょう。ただし家計に余裕があるならばの話です。

そうでした、そうでした 生活を縮小するために保険の見直しをしていたのを忘れてました。とはいえ保険に入らないというのも不安です。

潤沢な貯蓄があるなら保険に入る必要はないと言えますが、そうでない場合には「備えあれば憂いなし」の方向性でいきましょう。保険を考えるうえでのキーワードは「医療」「死亡」「貯蓄」です。

我が家が加入しているのは国内の老舗保険会社のワンパック型の商品だからバランスよく組まれているはずですよね？

そうであるとは限りません。一つの商品に三つの機能が備わっていたとしても、洋服でいえば既製品ですのでジャストフィットとはいかない。つまり自分には必要のない保障が含まれてたりするということです。逆に必要な機能が中途半端だということも考えられます。

それじゃあ意味がないよな。

私の知る限りでいえば多くの場合、バランスやコストパフォーマンスが悪いというか……。保険会社はどんどん新商品を出すので、都度、すすめられて更新し、気づいたら支払額が加入した当初の倍になっていたというのもよくある話なのです。

我が家にフィットした保険にするためにはどうしたらいいのでしょう？

「医療」「死亡」「貯蓄」の順番に、自分に必要な機能だけを備えることができます。いうなればオーダーメイドです。必要のない機能を外す分、割安になることもあるでしょう。まずは三つの機能の優先順位をつけてください。

我が家は一番が「医療」、二番が「死亡」、三番が「貯蓄」ですかね。

保険証券を見て、ほしい保障が備わっているかどうか。次に優先順位に則しているかを確認しましょう。そうでない場合には再検討の必要があります。もう一つ、大切なことをお伝えします。いま、支払っている保険料はこれからも払っていけそうなのかどうかを考え、難しいようなら検討する必要があるのです。

以前から気になっていたんですけど、「持病があっても入れる」とか「審査なしでも大丈夫」とかいう保険ってどうなんですか？　それだったら、いよいよ保険の医療機能が必要だとなってから加入すればいいのかなとか思ってて。

「引受基準緩和型保険」、あるいは「無選択型保険」といいます。確かに審査が緩かったり、告知なしで加入できるので、通院中の方や薬を服用している方も加入しやすいのですが、保険会社からすれば給付金を支払うリスクが高い。このことを踏まえて保険料は割高になっています。

俺は親父が認知症だったから、認知症保険も気になるなー。

あくまでも私の見解ですが、老後の生活費のほかに介護費用として３００万円程度の用意があれば、無理をして加入することはないと思います。

やっぱり持つべきものは貯金なんですね。よーし、こうなったら節約に努めるぞ。飲み会も控えるし、車も売る。もっと年金や保険について勉強して老後に備えます！

お金の問題が解決したわけじゃないのに、なんだか明るい気持ちになりました。もしかしたら私、幸せかもって。なんだかんだ言っても夫は善人なんです。子どもたちも

元気にやってるし。

なによりです。お金がなくては生きていけないとはいえ、お金のために働く、お金のために節約すると考えると心が疲弊してしまいます。お金は心豊かに暮らすための道具だと思えばお金に支配されることも、翻弄されることもない。極端な話、貧しくても幸せであればいいわけで。お金との向き合い方を見つめ直すことと明るい老後は直結しています。どうぞ笑顔で苦境を乗り越えてください！

コラム 1

「会社員」「自営」、どっちがトク？

結論から先にいうと、会社員と自営業のどちらが有利かについて一概に断言することはできません。どちらにもメリットとデメリットがあるということです。

税金の面でいうと、自営業、フリーランスの人は経費として計上できる範囲が会社員に比べて広いという面があります。たとえば事業に使う店舗やオフィスの家賃や光熱費、備品やパソコン、資料として必要な本、仕事のために使った交通費、打ち合わせに利用した飲食店のコーヒー代、手土産代。取引先の人に対するお祝い金やお香典も経費として申告することができるのです。

といって領収書を提出しても使ったお金が返ってくるわけではないので、経費は抑えるよう努めなくてはいけないのですが……。会社員はたとえば仕事に使うスーツであっても、経費で落とすというシステムではないので、「自営業の人が羨ましい」と感じる人がいるかもしれません。

でも実際には、会社員にも自営業者の必要経費に該当する「給与所得控除」があります。収入額に応じて「これくらい経費がかかっているだろう」という一定額を自動計算して収入から引き、その分の所得税が控除されているのです。その他に支出額と基準額の差額を給与所得控除に追加して控除できる「特定支出控除」という制度も。会社から承認を得ることができれば、仕事に必要な技術や知識を得るための研修費や得意先に対する接待費なども対象となります。

年金に関しては自営業者は国民年金のみ。片や会社員は厚生年金と国民年金が支給されますので、自営業者は頑張って貯金しておく必要があります。ただし、自営業者には定年がありません。会社員の給料が一定であるのに対して自営業の人は働きによって収入がふえるという側面もあります。その一方で倒れた時の保障がないと全体的に不安定だといえるのです。

団体生活が向いているか、一匹オオカミが向いているかは人それぞれ。どの道、楽に稼げるほど世の中は甘くはありませんが、自分に合った生き方を選び、イキイキと暮らしていきたいものです。

コラム 2

働き過ぎると年金がカットされる？

生活保険文化センターの調査によれば、夫婦二人世帯の公的年金受給額の平均は月額20万円程度。これに対し老後に必要な最低日常生活費は月額平均22万円といわれています。一方、ゆとりある生活費は約36万円だそうです。

年金ではまかなえない分を預貯金から出す場合、月に15万円補填すると1年に180万円。3000万円の貯金も17年程度で消えてしまう。60歳でリタイアした場合には77歳で貯金が底をついてしまう計算です。もちろん老後に備えて貯蓄をふやしておくことが重要なのですが、言うは易しで、現実的には難しいという人や、限界があると感じる人もいることでしょう。ある意味当然だと私は思います。給料はふえない、ボーナスはカットされる、それでいて消費税があがるなど貯蓄は厳しくなる一方なのですから。貯金どころか、いまの生活を回すだけで精いっぱいだと嘆く声が聞こえてきそうです。

将来的なことを考えると、現在の高齢者でさえ年金だけで暮らせない状況ですが、今後、公的年金の支給は先細りが予想され、しかも人生１００年時代。長い老後を年金と預貯金だけで暮らすのは無理と誰もが思うところなのではないでしょうか。かくなるうえは、できるだけ長く働いて収入を得るしかありません。

けれど、ここにも落とし穴があって、60歳以降の働き方によって厚生年金の支給額が減ってしまう可能性があるのです。詳しい計算方法については割愛しますが、厚生年金の額を12カ月で割った「基本月額」と、賞与を含めた1年間の収入を12カ月で割った「総報酬月額相当額」との合計が、65歳未満では28万円、65歳以上では46万円を超えると現状では支給停止もしくは減額の対象となります。

では仕事をセーブすべきなのかといえば、答えはノーです。厚生年金の支給が停止となっても仕事をセーブすべきではありません。働けるうちは上限を作らず、稼げるだけ稼いで働けなくなった時のために蓄えておくのが得策だといえるのです。

コラム3

夫婦でもらえる年金の目安

年金は働き方や収入によって将来もらえる年金額が異なります。収入別にシミュレーションすると左記のようになります。

第1号被保険者とは、20歳以上60歳未満の自営業者・学生・フリーター・無職の人を指します。第1号被保険者は国民年金に入ることが義務づけられており、将来「老齢基礎年金」を受け取ります。

第2号被保険者とは、65歳未満のサラリーマンや公務員を指します。第2号被保険者は「老齢基礎年金」と「老齢厚生年金」を受け取ります。

第3号被保険者とは、第2号被保険者に扶養されている配偶者で、専業主婦は第3号被保険者となります。「老齢基礎年金」を受け取ります。

※表は横山光昭著『定年後の暮らしとお金の基礎知識２０１９』より引用

自営業夫（1号）×自営業妻（1号）の場合

夫の生涯平均年収	400万円	500万円	600万円	700万円
老齢厚生年金（夫）	0	0	0	0
老齢基礎年金（夫）	779,300	779,300	779,300	779,300
老齢厚生年金（妻）	0	0	0	0
老齢基礎年金（妻）	779,300	779,300	779,300	779,300
合計（年額）	1,558,600	1,558,600	1,558,600	1,558,600

自営業夫（1号）×会社員妻（2号）の場合

夫の生涯平均年収	400万円	500万円	600万円	700万円
妻の生涯平均年収	250万円	250万円	250万円	250万円
老齢厚生年金（夫）	0	0	0	0
老齢基礎年金（夫）	779,300	779,300	779,300	779,300
老齢厚生年金（妻）	520,700	520,700	520,700	520,700
老齢基礎年金（妻）	779,300	779,300	779,300	779,300
合計（年額）	2,079,300	2,079,300	2,079,300	2,079,300

会社員夫（2号）×会社員妻（2号）の場合

夫の生涯平均年収	400万円	500万円	600万円	700万円
妻の生涯平均年収	250万円	250万円	250万円	250万円
老齢厚生年金（夫）	833,100	1,041,400	1,249,700	1,457,900
老齢基礎年金（夫）	779,300	779,300	779,300	779,300
老齢厚生年金（妻）	520,700	520,700	520,700	520,700
老齢基礎年金（妻）	779,300	779,300	779,300	779,300
合計（年額）	2,912,400	3,120,700	3,329,000	3,537,200

会社員夫（2号）×専業主婦妻（3号）の場合

夫の生涯平均年収	400万円	500万円	600万円	700万円
老齢厚生年金（夫）	833,100	1,041,400	1,249,700	1,457,900
老齢基礎年金（夫）	779,300	779,300	779,300	779,300
老齢厚生年金（妻）	0	0	0	0
老齢基礎年金（妻）	779,300	779,300	779,300	779,300
合計（年額）	2,391,700	2,600,000	2,808,300	3,016,500

コラム 4

年金、あなたはいつからもらう？

対談で触れたように、年金の受給開始年齢は原則65歳からですが、60歳から70歳までの中で自由に選ぶことができます。いつまで生きるのかという余命によって、「受給額が減っても繰り上げるのがいいのか、繰り下げて受給額を増やすのがいいのか？」という問いかけに対する答えは違ってくる。つまり余命がわからない以上、答えは出ないということもお伝えしたとおりです。

ただし、計算によって年金の損益分岐点がわかります。

年金受取累計額で考えると、最初のうちは早めに年金を給付されている「繰り上げ受給」の人がたくさん受け取っていることになりますが、年数が経つにつれて65歳から受給を開始した人の累計額が追いついていきます。

1カ月繰り下げると0・5パーセント受給額がアップしますので、100パーセント÷0・5パーセント＝200カ月＝16年8カ月ということで、65歳から支給される年金額に、繰り上げをした年齢から約17年で追い越されます。つまり繰り上げ受給を請求した年齢から約17年が年金受け取り累計額の損益分岐点ということになるのです。

60歳から受給…76歳
61歳から受給…77歳
62歳から受給…78歳
63歳から受給…79歳
64歳から受給…80歳

約17年経過した時点の年齢よりも早く死ねば、年金受取累計額は繰り上げ受給のほうが有利。長く生きれば繰り下げ受給のほうが有利ということになりますが、平均寿命を考慮すると繰り下げ受給を選択するのが良いということになるかと思います。

いつから
年金
もらおうかにゃ

第三章

貯金がない人

――貯蓄150万円で介護離職しそうな崖っぷち会社員との対話

相談者

哲哉さん　51歳　食品会社に勤める会社員

▼離婚歴ありの独身者

▼家族が認知症になり人生の歯車が狂ってしまった！

この時間帯ということは会社帰りですね？　お疲れ様です！

本当に疲れました、人生に。先生、生きていくってこんなに厳しいものでしょうか(泣)。八方塞がり。お先真っ暗で息も絶え絶え。助けて～！

ちょっと落ち着きましょうか。

あ、すみません。お恥ずかしい話なんですが、3年前に私の不倫が原因で妻から三下り半をくだされ、すったもんだの末に慰謝料を払ったら貯蓄が底をついてしまいまし

て。自業自得とはいえ、それが地獄の始まりでした。

そうでしたか。とにかく貯金がゼロになったと。

僕は妻にヨリを戻したいと言ったんですけど……。いまにして思えば妻も不倫してたんじゃないかと思うんですよねぇ。

それはともかく現在の年収を教えてください。

サクサク話を進めないといけないのでした えーと450万円ほどです。

3年前にゼロになった貯金は、現在いくらありますか?

それ聞いちゃう? ゴニョゴニョ万円ほど。

んっ？　よく聞こえなかったんですけど。

ヒャクゴニョゴニョ万円です。

１５０万円ですね。借金はないということで大丈夫ですか？

はい。借金は性に合わなくて。いつもニコニコ現金払いがモットーです。

確かに１５０万円の貯金は心もとないと言えますが、借金がないのは強みです。哲哉さんは51歳ですから、60歳で定年を迎えたとしてもまだ9年あります。65歳まで勤めるとしたら15年。お先真っ暗だと嘆くのは早いでしょう。いまの会社には新卒で入社したんですか？

そうですが。

今後の会社業績にもよりますが、退職金も期待できそうだし、厚生年金をもらえますしねぇ。

でも仕事を辞めようと思ってるんで。

えっ！　そうかお金の悩みにはまだ先があったんですね。

離婚後、僕は実家で母と暮らし始めたんですが、その直後に母の認知症が始まって。あっという間に進行してしまい……。父は早くに他界し、僕は一人っ子なんです。

親の介護問題は誰にとっても他人事じゃありません。厚生労働省は２０２５年には65歳以上の５人に１人が認知症になるという調査結果を発表しました。現時点で、介護離職をした人の数は10万人にのぼるといわれています。

そんなに！　でもわかりますよ。仕事辞めて介護するしかないですもん。母の場合、いまはまだなんとか生活できているというか、日によって違うというか。でも僕のことは自分のお兄さんだと思っているようで、1年くらい前から「兄さん」と呼ばれてます。「哲哉って誰?」という感じで。

切ないですね。

先月、母は天ぷらを揚げようとしてボヤ騒ぎを起こしました。といって常に見張っているわけにはいかないし、ヘルパーさんを雇う金はない。できれば自分で介護したいという気持ちもあって。

そうですよね、わかります。でも……。苦しい胸のうちを重々承知のうえで結論から先にお伝えしましょう。**どんなに辛くても介護離職してはダメ**です。

▼介護離職にならない方法について考えよう

僕だって仕事と介護を両立させていきたいですよ。そのつもりで頑張ってきました。でもここへきて母が買い物帰りに道に迷ったり、商店街で無銭飲食をしたりと警察のお世話になることが続き、僕はそのたびに会社を早退。仕事に集中できないせいかポカもふえるしで職場での居心地は悪くなる一方。とにかくもう限界なんです！

仕事を辞めてどうやって暮らしていくつもりですか？

実家なので家賃はいりません。月額10万円の母の年金でなんとか暮らしていくしかないなと。だって母を支えることができるのは僕だけですから。

そうであるならなおのこと、哲哉さんが働いて家計を支えなくては。**共倒れになっては元も子もありません**。在宅介護ならなんとかなりそうだと考えてしまいがちですが、

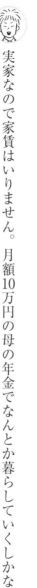

在宅であっても介護には生活費以外のお金がかかります。家をバリアフリーにするとか、ガスコンロからＩＨヒーターに変えるとか。贅沢を言えばキリがないにしてもオムツなどは日常的に必要ですよね。

生活を極限まで切り詰めて母の年金でなんとかなりませんかねぇ。それを相談しに来たんですけど。先生は家計の断捨離名人だと聞いたもので。

仮になんとかなったとしましょう。でも親の年金頼りの暮らしにはもう一つ問題があります。大変失礼なことを言いますが、お母様がお亡くなりになったあとの話です。当然のことながら年金の支給はピタリとなくなります。

ですよね。ただ、そうなったら働くことができるので。

親の介護を終えて再び働き始めたという方もいることでしょう。とはいえ介護生活は何年続くかわからない。10年続けば哲哉さんは61歳、20年続けば71歳です。

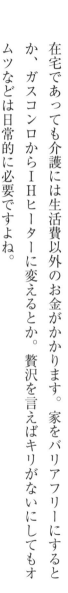

僕が71歳の時、母は95歳か。「老老介護」というやつですね。母が70代で認知症になったことを思えば、僕もかも。すると「認認介護」になる可能性もあるわけで……。やっぱりお先真っ暗じゃないですか！

そうと決まったわけではありません。ただ、いずれにしても一度仕事を辞めてしまえばいまの職場には二度と戻れない。そればかりかブランクがあれば世の中の流れについていけず、職場復帰どころか社会復帰が難しくなってしまうというのもよくある話で。ご自身の老後を見据え、介護離職は回避すべきだと思います。

母の介護は？　先生はどうしろとおっしゃるんですか？

職場の人に相談してみたことはありますか？

いいえ。誰にも話してません。打ち明けたところでしょうがない。同情されるのは嫌ですし、僕にもプライドがあります。

プライドって？　**困った時、周囲に助けを求めることは恥ずかしいことではありません。**私なら上司に**雇用保険の介護休業給付金制度**を利用したいともちかけます。これは加齢や病気などで親や配偶者、子どもなどに介護が必要だという場合に会社員が利用できる制度。介護が必要な家族一人につき、**最長で93日間の介護休業をとることができます。3回までなら分割してとることもできます。そして、その間は所得補償を受けることもできる**のです。権利があると考えて堂々と話を進めてください。

介護休業給付金か。そんなの知らなかったなぁ。でも期間限定ですよねぇ。すぐに元の木阿弥になってしまうじゃないですか。

そのあいだに手立てを考えるのです。長丁場の介護を乗り切るためには公的な介護保険や行政サービスを利用する必要があります。要介護の認定により、また地域によっても受けることのできるサービスが異なるため、現時点で受けられる制度について個々に把握することが重要。まずはここから始めましょう。

※コラム1　介護離職を防ぐための国の取り組み

投資を始めるために必要なこと

離職するしかないと思い詰めてましたが、もう一度、冷静に考えてみます。

長丁場になるかもしれないとはいえ、いつか介護は終わります。その後も哲哉さんの人生は続いていくのです。というわけで、ここからは介護離職はしないという前提で、哲哉さんがどういうマネープランを立てるべきかについて一緒に考えていきましょう。

実は僕、投資にチャレンジしてみたいと思ってるんです。先生の本を読んでいたら「50歳で3000円から投資を始めた人の貯金が640万から10年で2000万円にふえた」と書いてありましたが、ほんとうですか？

ええ、実例です。

希望の光が見えてきたぞ。先生、僕、次のボーナスを投資に充てます！

ボーナスなどで経済的に余裕ができた時期は投資デビューのチャンスだと言えるのですが……。

やっぱり！　手堅く投資していけば、自宅にいながらにして自動的にお金がお金を生んでくれるわけで、介護離職もアリじゃないですか？

いやいや。まず最初にお伝えしておきますが、この世に**絶対に負けない手堅い投資なんてありません**。もしかして哲哉さんは、一発あててやろう的な考えで、魔法のようにお金がふえるなどと短絡的にとらえていませんか？　だとしたら投資で生活破綻する人の典型的なタイプです。

僕には投資を始める資格はないとでも？

そんなこと言ってません。**投資を始める前に準備しなければいけないことがある**とお伝えしたいだけです。

投資で勝つためには勉強が必要だと。

もちろんそれもあります。が、哲哉さんの場合は**貯金を殖やすことが先決**です。

いまある１５０万円にすべてを賭ける覚悟です！

大事なことなのでちょっと厳しいことを言いますよ。もしも哲哉さんが「一か八かの楽して儲かる方法」を模索しておられるのなら、申し訳ありませんが他を当たってください。それは家計再生コンサルタントである私の仕事ではないのです。先ほど私は手堅い投資はないと言いましたが、言い換えると投資には常にリスクが伴うということなのです。いまを生きるために必要なお金を投資に回してうまくいかなかった場合、どうなりますか？

恐怖の生活破綻に陥ってしまう!

▼老後に備える投資のやり方とは?

私がおすすめするのは、ハイリスク・ハイリターンの投資ではなくローリスク・ローリターンの投資。長期的な経済成長と連動して、目減りを避け、利益を伸ばす。つまり**長期運用することでコツコツと結果を出していく**というものです。

長期運用ってどのくらい?

理想的には20年。

僕の場合、71歳になっちゃう。定年しても大丈夫なの?

定年すると収入は減るかもしれませんが、やりくりして投資に拠出してもいいですし、運用だけをしてもいいと思いますよ。たとえば40代で投資を始め、少しずつ投資額をふやして20年ほどで退職をしたとします。その時点で投資によってふえた貯蓄を一気に引き出すのではなく、年金で足りない分を一部でカバーしつつ、さらに運用を続けて目減りを最小限度に抑える。私はこういうマネープランが老後を切り抜けるための一つの方法だととらえておすすめしているのです。

なるほど～。いまある１５０万が投資によって倍々になっていく夢は断たれてしまいましたが、僕も長期運用して老後に備えたいです。

気持ちが整ったようですね。ではまず「生活していけるだけのお金」をプールする。そのうえで投資を検討するというステップを踏んでいただくことが鉄則です。

わかりました。でも生活していけるだけのお金って、人によって違うと思うんですけど。

生活費で使うお金を入れる口座には給料の１・５カ月分、簡単には引き出さないための口座には給料の６カ月分の貯金をまずは目標にしてください。

▼「３０００円投資生活」の極意

僕の月額手取り給料は約30万なので、生活費を引き落とす口座に45万円、ためる口座に１８０万円。合計２２５万円貯めることが第一ステップだと。

そうです。キリのよいところで２５０万円としましょうか。哲哉さんの場合、１００万円足りないということになりますね。

１００万円ためるって大変なんですよね～。2年か、もしかしたら3年くらいかかっちゃうかも。そうこうしているうちに50代も半ばになってしまうと考えると焦るなぁ。

だから３０００円で投資デビューするのです。

あ、投資デビューはしてもいいんだ。

繰り返しになりますが、本来なら「生活していけるだけのお金」をプールしたうえで、すぐには使わないお金の一部を投資に回すべきなのです。でも毎月３０００円ほどを積み立てる投資なら、貯金との並走が可能です。たとえば月に３万円貯金できるとしたら、２万７０００円をためる口座に入れ、３０００円を投資に回す、という具合に。もちろん元金が減ってしまうこともありますが、ふえることもあるわけで。

どれくらいにふえる可能性が考えられるんですか？

３０００円×12カ月＝３万６０００円。10年で36万円。これを３パーセントの利回りでふやすことができたとして10年後に42万円。６万円ふえる計算です。

10年で6万円かぁ。ま、3000円投資ですもんね。

少しずつ投資額をふやしていかなくちゃ老後の資金にはなりません。でも長期運用型の投資は侮れないのです。たとえば相談者の中に50歳の時点で貯金額300万円だったところ、3000円投資から始めて毎月の拠出額を少しずつふやしていくことにより、5年後には貯蓄を700万円にふやすことができたという方もいます。

おぉ、5年で倍以上も儲かってる！

それは違います。700万円のうち300万円は元金。ならば400万円は投資でふえたのかというとそれも違って、5年間、毎月貯蓄をした分が含まれています。投資でふえたのは60万円ほどです。

なーんだ。

ここで「なーんだ」と思う人は貧乏地獄から抜けられません。60万円って大金ですよ。哲哉さんの月給の倍ですよね？　なにを浮世離れしたことを言っているんですか。

あ、いま、貯金もないくせにって思ったでしょ？

哲哉さんに限らず、お金の貯まらない時代です。一昔前と違い、いまは大手の銀行に預金していても0・001％しか利息が付きません。ＡＴＭの引き落とし手数料のほうが高いという時代背景の中で、お金をためていくのは至難の業。でも長い期間をかけてコツコツと貯蓄額をふやしていくことは難しいことではないのです。そのことに気づいた人から救われるといえるでしょう。

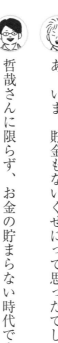

僕もさっそく始めたいです。３０００円投資からコツコツと。

いいと思います。闇雲に投資を始めてはいけないとお伝えしました。でも逆に「投資なんて怖い」とか「面倒くさそうだ」と尻込みしてしまう方も多く、それはそれでもったいない話なのです。投資は「百聞は一見に如かず」で、頭で考えるより体験したほうがいい。私自身も体験を通して覚えました。

でも先生は痛い経験をしたことなんかないのでしょう？

ありますよ。私が投資を始めたのは17年ほど前ですが、当初は株価の動向に一喜一憂して生きた心地がしなかったなんてことも。元金を割ってヒヤヒヤした経験や凹んだ経験があるからこそ、まずは３０００円を積み立てる投資から始めましょうと力説するんですよ。３０００円なら損をしても大勢に影響はありません。うまくいけば関心が深まり、もっと勉強しようという意欲につながるというわけで。

すごい説得力だなぁ。つまり３０００円投資はきっかけ。本格的に投資をするために必要なノウハウを学ぶのに最適だと。

ええ。この地味な勉強期間が後々必ず生きてきます。焦ってもしょうがない。何度でも言います。貯蓄も投資もコツコツと積み重ねていくことが大切。それ以外の方法はないと思ってください。

※コラム2　うまい話にはご用心

「3000円投資生活」なにを買えばいい？

ところで先生、投資といってもいろいろありますよね？　僕が知る限りでも株式投資、投資信託、不動産投資、金や先物取引、近年耳にするようになった仮想通貨やＦＸとか……。

投資方法を選ぶ時のポイントは「投資の目的」と「リスク」です。いずれの場合も投資である以上、利回りが約束されているわけではありません。運用次第で元金を超えることもあれば、元金を割ることもある。このことを踏まえたうえで、自分がどの程度のリスクを許容できるかを見極めて投資商品を選ぶことが大切なのです。

なんでもいいわけじゃないんですねぇ。

中でも**「ビットコイン」で広く知られる「仮想通貨」や、「ＦＸ」と呼ばれる外国為替証拠金取引は、運用を目的とする「投資」ではなく、利益の機会にお金を投じる「投機」**です。

ハイリスク・ハイリターンなわけですね。

たとえば日本のＦＸ会社は25倍までレバレッジ（利益率）を高めることができます。10万円しか元手のない人であっても、25倍の２５０万円分の外貨を取引することができるのです。うまくいけば大きな利益を得ることができますが、下手をすれば大きな負債を抱えることになってしまうわけで、危険なギャンブルといえるでしょう。

考えただけでも恐ろしい。

そう思う人は絶対に手を出さないこと。でもお金のある人がゲーム感覚で楽しむのは勝手です。実際、投機で資産をふやしている人もいるし、私はそういう人を批判しません。

スリル好きな人にはたまらないでしょうね。結果、お金が派手にふえれば、地道に株の動向を見守ってる場合じゃないって気にもなりますよ。

さっきお伝えしたと思うんですけど、投資と投機は別物だということを理解してくださいね。そうでないと簡単に垣根を超えてスリルの世界へ足を踏み入れてしまいかねません。基本的な考え方として、投資は事業などに資金を出すことで経済成長に参加することであり、みんなで成長していきましょうというもの。応援していた企業が倒産したりすれば、みんなで負けることもありますけれど、株を買うこと自体が社会的な貢献につながっているわけです。

はぁ。

それに対して投機は、麻雀などと同じで誰かが負けたから誰かが勝つというシステム。限られたお金を参加者でグルグル回しているだけなのです。マネーゲームであって社会的な意義はまったくありません。

投資と投機の違いが大きいってことはよくわかりました。で、ぶっちゃけ僕が投資を始めるとしたら……。

3000円投資に適しているのは、初心者なら「バランス型の投資信託」です。

※コラム3　投資の種類とそれぞれの特徴

▼「株式投資」と「投資信託」はどう違うのか？

投資信託か……。ところで株式投資と投資信託の違いって？

株式投資というのは上場企業の株式を証券会社を通じて売買するもので、株価があがれば売却利益を得ることができます。

たまたま選んだ企業の株がヒット商品によってグンと上がるなんてこともあるわけですよね？　たとえばの話、まだ広く知られていなかった頃のユニクロの株を安く買った人なんかウハウハでしょうね。

確かにユニクロを展開するファーストリテイリングの株はすごいことになってます。

まだまだ上がるかもしれないから狙い目ってことで。

いやいや、ユニクロ株は現在（2019年10月）100株で700万円弱くらいしますから。

1株なら7万円じゃないですか？

1株単位では買えません。**2018年10月から株式の売買単位が100株からに統一されました。**ユニクロ株でいえば最低限の株を買うのに700万円ほど必要だということです。

ヒョエ〜。やっぱり甘くはないですね。

株式投資は値上がり益のほかに、配当金や、株主優待といって自社製品や割引券がもらえるというメリットがあります。映画好きな人であれば、映画配給会社の株を買えば映画の鑑賞券を送られてきたりするので、娯楽費の節約につながるという側面もあるのです。

いいですねぇ。

その一方で、トヨタ自動車のように絶対的な強さを誇る株式であっても、大きな事件が起きれば株価の評価がガクンと下がってしまう。つまり株を一つの企業に絞って狙い撃ちするのはリスキーだと言えるのです。

そもそも知識ゼロなんですから、たくさんの上場企業の中から一つだけ選ぶなんてムリムリ。

初心者ってそういうものですよ。比較値がないんですから。たとえばスーパーへ行って「今年は秋刀魚が高いな」と思うのは、常日頃からスーパーで魚の価格をチェックしているからですよね。初めてスーパーに行った人は、秋刀魚はこういう価格なんだと思って、食べたければ買ってしまうでしょう。

メチャクチャわかりやすいです。

投資信託は投資のプロが投資家から集めた資金をもとに、一つの投資信託の中にさまざまな株や債券（国内・海外問わず）を組み入れて運用するもの。株だけのものもあるし、金や「ＲＥＩＴ」（リート）と呼ばれる不動産投資が入っているものもありま

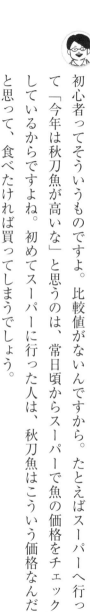

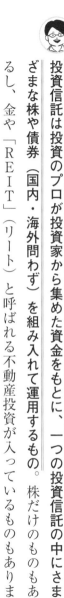

すが、とにかくワンパッケージになってます。

投資の基本は「分散投資」と「長期計画」

自分で個別企業の株式などを調べて選ぶ手間を省くことができるわけか。

それもありますが、なんと言っても一番のメリットは一つの商品で複数の投資先に分散投資できるという点です。しかも購入したら放置しておけばいいだけ。収益は自動的に私たち投資家に分配されます。

そういわれても株価の変動が気になりますよ～。

気にしないことです。そもそも投資信託では、専門家が株価の安い時に買った株を運用しています。

さすが投資のプロって話ですね。でも株価は変動するわけで、リスクが生じるのでは？

リスクはありますね。ただし、この場合の「リスク」というのは、いつも使うような「危険」という意味ではなく、「株価が上下するふり幅」のことを言います。このリスクは長期間に渡り一定額ずつ積み立てることによって抑えることができますし、複数の異なる商品をもつことでカバーできるものです。また、定期的に、一定額を積み立てると値段が高い時には少し、安い時には多く買いつけることができ、平均購入価格を抑えることができます。

株価が下がる時期があっても長い目でみれば安定していると。

株価といいますが正確には「基準価額」といいます。1日1回だされる投資信託の値段です。それが下がっても評価が下がるだけなので、あまり気にしなくてよいでしょう。待てばいいということになります。長い期間のうちには変動を繰り返しますが、株価

が暴落しても回復するまで持ち堪えることができれば結果オーライなわけですから。

そういう意味でも生活するお金はきちんと確保しておかないと、暴落した時に生活費に困って手放す羽目になったら大変だ！

どんなに長く持っていた株であっても、手放したら「はい、そこまで」というシビアな世界です。たとえばお子さんの大学資金が必要だから株を売るのなら、その株の評価が買った時より下がっていたとしても売らざるを得ないということもあるでしょう。だとしたら、損をしてしまうこともありますよね。

キツいなぁ。といって大学資金をすんなりと貯蓄から出せるなんてのは一部の富裕層だけ。普通は株を売ればなにがしかのお金になるんだから、損をしても売るしかないって話になりますよ。でも悔しいだろうなぁ。この先どうなるかわからないってのは、やっぱり株も結構怖いですね。

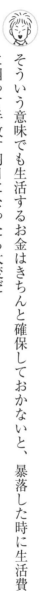

いまはマイナス金利ですが、この先はどうなるかわからない。わからないなら株と債券を持つというのが安心です。というのも株が下がれば債権が上がる、株が上がれば債権が下がるというしくみなので。

ここでもリスクを分散すると。

そうです。**投資の基本はリスクを分散することと、長い目でみること**、そのために積み立てをしていきましょう。

▼「投資信託」のどの商品を選べばいいの？

投資信託にも株型と債券型とかありますよね。両者のバランスはどうしたら？

50パーセント50パーセントで株・債券を持ちましょうというのが教科書的な考え方で

す。なのですが、３０００円投資では金額も多くないですし、株・債券のバランスでリスクヘッジをする必要はないでしょう。**最初はシンプルに株式だけでいい**と思います。途中から債券を加え、その後は様子を見ながら株と債券のバランスを半々に、最終的には伸びを見込んだ株とリスクヘッジのための債券の割合を入れ替えていくというのもアリなのですが、それは中級者〜上級者向けの話。しかも１０００万円以上のお金を投資運用している人が考えるべき話です。

素直に株式に特化した投資信託商品に着目するってことで。

そうです。その中でも、**リスクを分散するために日本の株式と外国の株式の二本立てでいきましょう。**

ところで……。いや、やっぱりいいです。

なんでしょう？　聞くは一時の恥、聞かぬは一生の恥といいますけど。

えーと、あのー、株関連のニュースで見聞きする「日経平均」ってなんですか？　いい年をしてかたじけない

日本経済新聞社が選ぶ東証一部上場されたうちの２２５社の平均株価のことです。その他に、東京証券取引一部上場の２１００社強ある全銘柄の時価総額の動きを指数化した「ＴＯＰＩＸ」も日本の景気動向を知るために重要な役割を果たしています。

勉強になるなぁ。で、私はどうすれば？

バランス型投資信託の話をしてきましたが、実は手数料がやや高い、国内株と外国株の比率を自由に選ぶことができないというデメリットがあるのです。

ワワワ、なにやら話が難しくなってきたぞ。結局のところ、なにを選べばいいのでしょうか？　ズバリと言っていただけると嬉しいんですけど。

日経平均やTOPIXといった指数に連動する投資成果をめざすインデックスファンドに着目してください。

ファンドは「投資信託」って意味ですよね？　インデックスって？

インデックスとは指数のことです。「日経平均」は上場225銘柄の平均株価を指数化したもので、「日経平均が急落した」というのは株式市場の環境が全体的に悪化したことを意味するのです。日経平均株価やニューヨークのダウ平均などのインデックスと同じ動きをするように設定された投資信託のことを「インデックスファンド」といいます。この指数を上回る値動きを目指す運用もあり、こちらのほうは「アクティブファンド」と呼ばれているのです。

アクティブファンドのほうがもうけられるような気がするんですけど。

アクティブファンドのほうがリスクは大きいですね。インデックス型よりコストも高いですし。逆に言えばインデックス型はコストが安いのです。

コストが安いのが一番！　でもインデックス型の中にもさまざまな商品があるのでしょう？

私がおすすめするのは、例えばですが、1つの商品で全世界に投資できる楽天・全世界株式インデックス・ファンド（楽天投信投資顧問）やeMAXIS Slimシリーズ（三菱UFJ国際投信）などから国内外の株式を組み合わせても良いでしょう。

▼ネット証券でインデックスファンドを始めよう

どうやって買うんですか？　なんか面倒臭そうなんですけど。

コストを意識するならネット証券の口座を開設すると良いでしょう。**ネットに不慣れ**

な人にとっては大変かもしれませんが、誰にでもできるようにできているので頑張ってください。ネット証券なら自宅で手軽に口座開設の手続きをすることができるし、手数料が安く、商品も豊富。月々１００円からの積み立てで買える口座もありますから、３０００円投資を始めようという方にうってつけなのです。特におすすめなのは、ＳＢＩ証券、楽天証券、マネックス証券などです。いずれも信頼度が高く安心感があります。

証券会社を決めたら、次にすることは？

「口座開設申し込み」のページを開き、名前、生年月日、住所などの必要事項に入力をして、マイナンバーの登録を行います。するとＩＤとパスワードが発行されるのでホームページにログイン。取引を開始するという流れです。

スムーズにいくかなぁ。こないだもネットで買い物をしようと思って指示通りに登録をしていたんですけど、どっちを選べばいいのかな？　みたいな質問事項で立ち往生

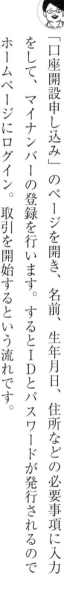

した挙句、挫けて買うのを諦めちゃいました。

ネット証券の開設申し込みの際、必ず「特定口座にするか、一般口座にするか」と尋ねられますが、戸惑ってしまう人が多いようです。ここでは確定申告を証券会社がしてくれる「特定口座」を選びましょう。特定口座を開設する場合、「源泉徴収をありにするか、なしにするか?」と尋ねられますが、3000円投資では「源泉徴収なし」でいいと思います。年間20万円以上の利益を出すと、確定申告をして税金を納めることになりますが、3000円投資による利益は出たとしても微々たるものなので、「源泉徴収なし　特定口座」で。

特定口座とか源泉徴収と聞いただけで、あーわかんないって軽くパニックになっちゃうので、教えていただいてよかった〜。これで挫けずに3000円投資デビューできそうです。

▼少額投資「iDeCo」（イデコ）「つみたてNISA」（ニーサ）とはなにか

投資は習うより慣れよ。まずは始めてみることが大切なのですが、貯金もしっかりやってくださいね。

目標額は、生活費として使う口座にイレギュラー支出として対応するゆとりも含めて給料の1・5カ月分＋ためる口座に給料の6カ月分でしたね。

そこが投資における哲哉さんのスタートラインです。それまでのあいだに**「iDeCo」（イデコ）や「つみたてNISA」（ニーサ）といった制度についても学んでおく**といいでしょう。

最近、よく聞きますね。CMかな？　でも自分には無縁だなと思ってスルーしてました。「iDeCo」とか「つみたてNISA」ってなんですか？

老後、公的年金だけでは暮らしていけないということや、若者の投資形成を促すために**国が支援する資産形成のための制度**のことです。「個人型確定拠出年金」とか「少額投資非課税制度」という言葉をご存知ですか？

いや～

「ｉＤｅＣｏ」は個人型確定拠出年金の愛称。老後資金づくりの私的年金制度です。それまでは自営業者や企業年金のない会社員しか加入できませんでしたが、２０１７年から企業年金のある会社員や公務員、主婦も加入対象となり、注目が集まっています。**また、２０１８年に始まった「つみたてＮＩＳＡ」は若者や中高年も利用できる非課税投資制度です。２０１４年に始まった「ＮＩＳＡ」という少額投資非課税制度がありますが、それの積立投資版が「つみたてＮＩＳＡ」です。**

先生が学んでおくといいとおっしゃるからには、「ｉＤｅＣｏ」や「つみたてＮＩＳＡ」に着目～ってことですね？

それぞれに特徴がありますが、いずれも運用益が非課税だというのがメリットです。日本では投資益に対して通常20・315％の税金がかかるのでお得ですよね。

へぇ～。

ピンとこないかもしれませんが、実はこれ、凄いことなんですよ。給料やボーナスは所得税や住民税がかかります。収入から税金を差し引いて手元にのこるお金のことを「手取り給与」と言いますが……。

手取り額はエグい。額面給与との違いに「聞いてないよ～」とか、いっつも思いますよ。

税金って大きいんです。その点、「ｉＤｅＣｏ」は運用益が非課税になるだけでなく、掛け金も全額、所得控除になるというメリットもあります。仮に年収３００万円の人が1万円を毎月投資したとするならば、年間12万円の拠出で6千円弱の所得税が確定申告や年末調整で戻り、翌年の住民税が1万2千円ほど安くなる。**合計で１万８千円**

ほどをガッツリと節税できるわけです。

知らなきゃ完全に損じゃないですか！

とはいえ、たとえば「ｉＤｅＣｏ」の掛け金は60歳まで引き出すことができないといった縛りや、細かな条件が設定されています。

お得だという情報に安易に飛びついてはいけないと。

その通りです。「ｉＤｅＣｏ」や「ＮＩＳＡ」は制度を整えましたということであって、その内容に関しては各々で決まっています。それだけに制度を理解していない人は絶対に手を出してはいけないと声を大にしてお伝えしたいと思います。

※コラム4　知っておきたい「iDeCo」と「つみたてNISA」

困ったときは国の制度を使い倒そう

それにしても、この国にはいろいろな制度があるんですねぇ。

介護離職の話に戻りますが、困った時の公的支援サービスもかなり充実しています。**「家賃補助制度」「生活福祉資金貸付制度」「老人福祉手当・寝たきり高齢者福祉手当」「老人介護手当」「医療費控除」「交通費助成」**……。一人で抱え込まずに、役所の相談窓口で尋ねたり、経験者の話を聞いたりして情報を収集することが大切だと思います。

ほんとうにそうですね。

哲哉さんが雇用保険の「介護休業給付金制度」を利用して、最初に行うべきは、地域包括支援センターに相談するとともに、かかりつけの医師を決め、お母さんの「要介護認定」を自治体に申請することでしょう。

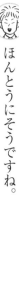

要介護認定を受ければ、介護離職を免れるかもしれないと。

1～5に区分された要介護度によって受けることのできるサービスは異なりますが、訪問介護員や介護福祉士が自宅を訪れて入浴や食事、排せつの介助など介護や生活支援を行う訪問介護、あるいはデイサービスと呼ばれる通所介護、介護用ベッドのレンタルなど介護保険で提供されるサービスを受けることができます。

よーし、さっそく勉強だ。国の制度を使い倒して乗り切るぞ！　有益なアドバイスをしていただき感謝感激です。介護離職のピンチを切り抜け、貯金がたまった暁にはまた改めてマネープランの相談に乗ってください。

もちろんです。その日が来るのを心待ちにしていますよ。

コラム 1

介護離職を防ぐための国の取り組み

日本は長寿大国と言われますが、実際は寝たきり大国だと言われています。そうした中、親の介護問題に直面し、介護離職を考えている方は少なくないと思います。でもちょっと待ってください。会社員としての安定した収入を手放すのはあまりにも惜しい。収入が途絶えるばかりか、貯蓄は瞬く間に消え、いわゆる家計破綻に陥るとも限りません。国としても少子化問題を抱え、働き盛りの労働力を失い、ひいては税収が激減することに歯止めを掛けたいところ。そこで日本政府は介護離職者が少しでも減少するよう、さまざまな取り組みを進めています。

●介護休業制度

家族の介護をするために仕事を休むことができる制度です。対象家族は父母、配偶者、子ども、配偶者の父母、祖父母、兄弟姉妹、孫で、対象家族一人につき、通算93日まで休みを一度に、または最大3回に分けて取ることができます。

●介護休暇制度

介護休業制度はまとまった休みを取るための制度ですが、介護休暇制度は単発の休みを取るための制度。介護のみならず、たとえば家族の通院に付き添う、リハビリ期間だけ休みたいといった場合に、有給を利用せずに休むことができるのです。対象家族は介護休業制度と同じで、対象家族一人につき、1年に5日、対象家族が複数の場合には、1年に10日の休みを取ることができます。

●勤務時間の短縮措置

要介護状態にある家族を介護する従業員が会社から受けることができる措置として以下の制度のいずれかの措置が義務づけられています。

・時間短縮制度
・フレックスタイム制度
・始業時間や就業時間の繰り上げ、繰り下げをする時差出勤制度
・労働者が利用する介護サービス費用の助成制度、これに準ずる制度
・時間外労働・深夜労働に関する制度

●**時間外労働・深夜労働制限制度**

事業主は要介護状態にある家族を介護する従業員に対して、原則として1カ月で24時間、1年間に150時間を超えた時間外労働を強いてはならないという規定があるのです。

また、22時から早朝5時の深夜労働についても禁止されています。

●**介護休業給付金制度**

介護のために休業した被保険者は給付金を受給することができます。ただし、対象となるのは、介護休業の開始日から過去2年間に賃金支払基礎日数が11日以上ある月が12カ月以上ある人です。

介護制度に関する詳しいことは、厚生労働省の「介護離職ゼロ　ポータルサイト」にまとめられています。https://www.mhlw.go.jp/stf/seisakunitsuite/bunya/0000112622.html

待っていても門戸は開きません。

けれど自ら扉を叩けば問題解決につながる提案が用意されているのです。国の制度を最大限に利用して、介護離職のピンチを切り抜けましょう。

コラム 2

うまい話にはご用心

あなたはうまい話に耳を傾けてはいませんか？

「出資して会員になれば年に30パーセントの配当を得ることができますよ」といった出資絡みの儲け話にはご用心。この世にうまい話はありません。

当初はきちんと配当金を出し、信用させておいて追加出資を募るというのは出資詐欺の常套手段。実は新規の出資者から入ったお金を回しているだけの自転車操業なのですから、破綻は目に見えています。つまり確信犯なのです。

「いまなら未公開株が安く買えます。このチャンスを逃す手はありませんよ」などと煽る詐欺商法の被害者も後を絶ちません。もちろん騙すほうが悪いのです。けれど騙されるほうも迂闊だったと言えるのではないでしょうか。「どうして見ず知らずの人が自分においしい話を教えてくれるのだろう？」「そんなにおいしい話なら人に教えたりするだろうか？」と考えるべきだったといえそうです。

詐欺商法の加害者は、あの手この手を使って「人の中にある欲」を刺激し、「一攫千金も夢じゃない」とある種の洗脳へと誘います。「あの人だけが得をするのは狡い」「私も得したい」などという心理を利用して詐欺行為を行うのです。ですから「うまい話には乗らない」「おいしい話には耳を傾けない」と決めることが大切。「私は興味ありません」と跳ね除ける人に対しては、どんな詐欺師もお手上げなのですから。

気をつけなければいけないのは詐欺師の誘惑だけではありません。周囲の人の情報を鵜呑みにするのも危険な行為。誰かがうまくいっていたとしても、同じ投資信託に飛びついては命取りになることも。その人にふさわしい投資方法は、年齢や収入、貯蓄高といった条件によって異なります。

情報やアドバイスは参考にするに留め、実践するか否かについては慎重に考える。この冷静さを備えているかどうかが人生の明暗を分けると言っても過言ではないと私は思います。

コラム 3

投資の種類とそれぞれの特徴

投資対象	リスク	特徴
株式投資	★★★★☆	一つの企業の株を狙い撃ちするため、リスクの分散が不可能。株価の変動が大きいため、リスクは大きいがリターンも大きい。短期で利益を求めたい人向き。
個人向け国債	★☆☆☆☆	リスクがほぼなく、安全に資産をふやすことができる。銀行預金より利率が高いもので運用したい人向け。
個人向け社債	★☆☆☆☆	リスクが少なく、満期まで保有すれば決まった利息が受け取れる。個人向け国債よりはリターンを得たい人向け。
投資信託	★★★☆☆	国内・国外問わずさまざまな金融商品の中から選択可能。商品を選べば、運用もプロに任せることができるのでリスクを抑えることができる。

ＥＴＦ（上場投資信託）	★★★☆☆	投資信託そのものが上場されたもの。いつでも取引可能でコストも安い。長期でしっかりふやしたい人におすすめ。
不動産投資	★★★★☆	不動産は換金性が低い。今後、東京の土地が値崩れする可能性もある。リスクは比較的、高い。
ＲＥＩＴ（不動産投資信託）	★★★☆☆	20万円程度から行える不動産投資。投資収益を分配金で受け取れる。リスクも低めで、利回りも4～6％と高め。
仮想通貨	★★★★★	仮想通貨とは、インターネット上でならどこでも誰でも使える通貨。短期間に価値が何倍にもなりえる反面、大きく下落するリスクもある。
金	★★☆☆☆	世界で価値が共通の投資対象。無価値になることはないが、預貯金や株式と違い、利息や配当を生まない。
ＦＸ（外国為替取引）	★★★★★	レバレッジがかけられるので少ない資金で大きな投資ができる。逆に言えば大損する可能性も秘めている。

コラム 4

知っておきたい「iDeCo」と「つみたてNISA」

当面使わないお金を銀行に貯金している、という人におすすめしたいのが「iDeCo」と「つみたてNISA」。iDeCoは国が支援する私的年金制度であり、税優遇が効いています。「つみたてNISA」は積立投資を非課税で行える制度です。「iDeCo」と「つみたてNISA」は併用するのが理想的ですが、すべての人にとってとは言い切れません。それぞれの特徴を把握したうえで、自分に適した投資方法であるかどうか検討することが大切です。

●iDeCoの特徴

iDeCoは個人型確定拠出年金の愛称。投資商品や定期預金、保険などの中から自分で選んだ金融商品を毎月積み立てて、60歳以降に受け取る私的年金制度です。

・積み立て金額　月5000円（年6万円）～

・非課税で投資できる上限額　年14万4000円〜81万6000円（働き方や加入している企業年金により異なる）
・毎月拠出・年単位拠出
・一人一口座
・口座開設手数料　2829円
・国民年金保険料・厚生年金保険料を納めている場合に利用できる

メリット

・「拠出時」「運用益が出た時」「受け取る時」という三つの場面で税制面の優遇を受けられる点が魅力。

1　掛け金全額が所得税と住民税の両方で控除されます。たとえ運用益が出なくても、また定期預金を利用していても、掛け金を払うだけで税金控除という節税ができるのですから、銀行口座に使う予定のないお金を眠らせておく手はありません。

2　運用益が出た時、通常なら利益の20％＋復興所得税がかかりますが、これがかかりません。たとえば10万円の運用益が出た場合、通常なら税金を差し引かれて

8万円弱になってしまうのですが、2万円の税金を引かれることなく、10万円を受け取ることができるということです。

3　給付金を受け取る時、一時金として全額を受け取る場合には退職所得控除が適用され、年金式で受け取る時には公的年金等控除が受けられます。

・iDeCoは投資信託だけでなく、定期預金などの元本保証型商品なども選べるのが特徴的。定期預金でもかけ金は所得控除の恩恵は受けられますが、やはり長期的運用でお金をふやしていきたいものです。商品について勉強してください。その上で全世界に分散投資ができ、リスクやコストが低い商品で運用しましょう。

デメリット

・私的年金制度なので加入できるのは国民年金保険料を納めることができる60歳までという年齢制限があります。（2019年10月9日、厚生労働省は加入年齢を65歳未満まで引き上げることを検討する方針を発表）

・投資信託の運用では元金割れのリスクがあります。

・途中で積み立てを停止することはできますが、掛け金は60歳まで引き下ろすことができません。

●つみたてNISAの特徴

「NISA」は2014年に始まった少額投資非課税制度の愛称。一般NISAは運用益が非課税となる期間が5年で、投資上限額は年間120万円、投資対象商品は上場株式や投資信託、REIT（不動産投資）など種類が豊富。年間120万円の税金控除枠をフル活用しようという人や投資の経験を積んだ人に向いているといえるでしょう。

対して2018年に新たに開設された「つみたてNISA」は積立投資しかできないことが特徴。運用益が非課税となる期間が20年で、投資上限額は年間40万円。投資対象商品は国が定めた基準を満たした投資信託限定。安定感と安心感を兼ね備えています。

・積み立て金額　月100円～（金融機関によって異なる）
・非課税で投資できる上限額　年40万円

・非課税枠は1年ごと
・一人一口座
・口座開設手数料　無料

メリット

・運用益が出た時、通常なら利益の20％＋復興所得税がかかりますが、これがかかりません。たとえば10万円の運用益が出た場合、通常なら税金を差し引かれて8万円弱になってしまうのですが、2万円の税金を引かれることなく、10万円を受け取ることができるということです。
・長期運用でリスクを抑えることができます。
・非課税投資可能金額は20年間で最大８００万円まで。
・年齢の制限がありません。60歳以降も続けられます。
・いつでも解約することができます。

デメリット

・掛け金は所得控除の対象にはなりません。
・元金割れのリスクがあります。
・一般ＮＩＳＡとの併用はできません。
・毎年40万円まで投資可能ですが、翌年への繰り越しはできません。

退職金がない人・年金が少ない人・貯金がない人も大丈夫!

お金がなくても お金がふえる鉄則リスト

お金がたまる習慣を身につけましょう。

▶お金がたまる鉄則

- □ 退職金を把握する
- □ 定年退職後の資金を把握する
- □ 年金保険料を払う
- □ 貯金や節約を楽しむ
- □ 毎月の支出を把握する
- □ いまあるもので工夫して暮らす

- □ 無駄遣いの癖を自覚するために家計簿をつける
- □ 家計簿でわかる浪費を改善していく
- □ 借金返済を優先する
- □ 「これはほんとうに必要か?」と考えることを習慣化する
- □ 使っていないクレジットカードは直ちに整理する
- □ よく使うカードも年会費のいらないものに切り替える
- □ 不用な契約はマメに解約する
- □ ATM の手数料を最小限にする
- □ 還元率の高い決済サービスを利用する
- □ 使う口座とためる口座は別にする
- □ クレジットカードからデビットカードに切り替える

- [ ] お財布に余計なものを入れない

- [ ] 長財布に入れるお金は1万円札だけにする

- [ ] 「生活費専用財布」をつくる

▶お金がのこる鉄則

- [ ] コンビニ経営には注意する

- [ ] アパート・マンション経営を安易に考えない

- [ ] 病気やけがへの備えをする

- [ ] 夫婦で家計の話をすることから始める

- [ ] 夫婦は完全お小遣い制にする

- [ ] お小遣いの範囲の中でやりくりをする

- □ いまある貯金を切り崩さない
- □ 生活を小さくする
- □ 国の支援情報を集める
- □ 「節約すべきこと」を割り出す
- □ 車をレンタカーにする
- □ 保険は定期的に見直す

▶ お金をふやす鉄則

- □ 介護離職はしない
- □ 投資のまえに貯金をふやす
- □ ローリスク・ローリターンの投資を長期運用する

- [ ] 生活費で使うお金を入れる口座には給料の1.5カ月分を入れる

- [ ] 貯める口座には給料の6カ月分の貯金をまずは目標に貯蓄する

- [ ] 月額3000円で投資デビューする

- [ ] 投資がよくわからない人は、「バランス型の投資信託」を活用する

- [ ] 投資は「分散」して「長期」でとらえ「積立」する

- [ ] わかってきたらネット証券で「インデックス型の投資信託」を始める

- [ ] 少額投資「iDeCo」「つみたてNISA」を活用する

- [ ] 困ったときは国の制度を使い倒す

- [ ] うまい話に耳を傾けない

退職金がでない人の老後のお金の話

お金がなくても
お金がふえるマネー・プラン

2019年12月15日　初版第1刷発行

著　者　横山光昭
発行者　笹田大治
発行所　株式会社興陽館
〒113-0024
東京都文京区西片1-17-8 KSビル
TEL　03-5840-7820
FAX　03-5840-7954
URL　http://www.koyokan.co.jp

カバー・本文イラスト……伊藤ハムスター
装丁……ソウルデザイン
構成……丸山あかね
校正……結城靖博
編集補助……島袋多香子+中井裕子
企画編集人……本田道生

印　刷　KOYOKAN,INC.
D T P　有限会社天龍社
製　本　ナショナル製本協同組合

ISBN978-4-87723-248-1 C0033

お金の話

ひろゆき

2ちゃんねる、ニコニコ動画、4chan……の西村博之がおくる
「お金の不安」がいますぐ消える本！
生活費月5万円から最高年収数億円まで体験したカリスマが伝える、
お金とのつきあい方の極意。

本体価格 1300 円+税
ISBN978-4-87723-237-5　C0095

秒で見抜くスナップジャッジメント

メンタリスト DaiGo

つきあっていい人!ヤバいヤツ!
メンタリスト DaiGo の超科学的メソッドで
相手の「外見」「会話」「持ちもの」を視れば、頭の中がすべてわかる!
人間関係、仕事、恋愛、ここから人生が変わる！

本体価格 1400 円+税
ISBN978-4-87723-228-3　C0011

本は読んだらすぐアウトプットする！

「書く」「話す」「伝える」力がいっきにつく55の読書の技法

齋藤孝

読みっぱなしじゃもったいない。
「本は“2割読み”する」「本は順番通りに読まない」「本は20分で読む」
読書の達人、齋藤先生直伝!1日10分コスパ最強のトクする「本の読み方」集大成!

本体価格 1300 円+税
ISBN978-4-87723-240-5　C0095

すぐ使いこなせる

知的な大人の語彙 1000

齋藤孝

語彙力があれば世界が豊かになる。伝える力がつく。
この一冊で、あなたの会話や文章に知性と教養が溢れ出す。
言葉の伝道師・齋藤孝先生が「漢熟語」「季節の言葉」「俳句」等から
すぐに使える「語彙 1000」を紹介します。

本体価格 1300 円+税
ISBN978-4-87723-229-0　C0095

60代から頭がよくなる本

高島徹治

読むだけで「老けない脳」が手に入る!
「最近、もの忘れが多くなった」「人の名前が覚えられなくなった」という方へ
60歳から70の資格を取得した達人が教える「生涯現役脳」をつくる18の習慣。

本体価格 1000 円+税
ISBN978-4-87723-246-7　C0095

孤独がきみを強くする

岡本太郎

孤独はただの寂しさじゃない。
孤独こそ人間が強烈に生きるバネだ。
たったひとりのきみに贈る、
強烈な生を求め続けた岡本太郎のベストメッセージ集!

本体価格 1000 円+税
ISBN978-4-87723-195-8　C0095

群れるな

寺山修司

「犬のごとく吠えろ。」

「引き金を引け、ことばは武器だ！」

「ふりむくな、ふりむくな、後ろに夢はない。」

これが生を見つめる「言葉の錬金術師」寺山修司が残した箴言録！

本体価格 1000 円+税
ISBN978-4-87723-218-4　C0095

なぜ心は病むのか

いつも不安なひとの心理

アルフレッド・アドラー著　長谷川 早苗（訳）

「ずっと心に不安を抱えている人は、
必ず「あまやかされた」子ども時代を送ってきている」
本書は数少ないアドラー原書の翻訳になる。

本体価格 1600 円＋税
ISBN978-4-87723-242-9 C0095

50 歳からの時間の使いかた

弘兼憲史

定年後、人生が充実する人、しぼむ人のちょっとした差はー。
45 歳が折返し地点 !50 歳からの「準備」で人生が決まる。
ヒロカネ流「後半人生の時間術」。

本体価格 1000 円+税
ISBN978-4-87723-231-3 C0095

一人暮らし

わたしの孤独のたのしみ方

曽野綾子

一人遊びをする。一人旅をする。友人と食卓を囲む。

生きていることに感謝する。

夫に先立たれても一人暮らしを楽しむ。

幸せに老いるすべを伝える珠玉の一冊。

本体価格 1000 円＋税
ISBN978-4-87723-243-6 C0095